LE COCU.

PAR

CH. PAUL DE KOCK.

L'époux en permettra la lecture à sa femme.

Tome Premier.

PARIS,

GUSTAVE BARBA, ÉDITEUR,

PROPRIÉTAIRE DES ŒUVRES DE PIGAULT-LEBRUN ET DE PAUL DE KOCK,

RUE MAZARINE, Nº 34, FB. S.-G.

1831.

G. de Manteuffell.

LE COCU.

I.

Oeuvres de Ch. Paul de Kock.

65 vol. in-12, à 1 franc 50 cent. le volume.

Chaque ouvrage se vend séparément.

L'ENFANT DE MA FEMME, 2 vol.
GEORGETTE, ou LA NIÈCE DU TABELLION, 4 vol.
GUSTAVE, ou LE MAUVAIS SUJET, 3 vol.
FRÈRE JACQUES, 4 vol.
MON VOISIN RAIMOND, 4 vol.
M. DUPONT, ou LA JEUNE FILLE ET SA BONNE, 4 vol.
SŒUR ANNE, 4 vol.
CONTES EN VERS, 2e édit. avec gravures, 1 vol.
ANDRÉ LE SAVOYARD, 5 vol.
PETITS TABLEAUX DE MŒURS, 2 vol.
LE BARBIER DE PARIS, 4 vol.
LA LAITIÈRE DE MONTFERMEIL, 5 vol.
JEAN, 4 vol.
LA MAISON BLANCHE, 5 vol.
LA FEMME, LE MARI ET L'AMANT, 4 vol.
LA BULLE DE SAVON, ou RECUEIL DE CHANSONS, 1 vol.
in-18, orné d'une vignette.
L'HOMME DE LA NATURE ET L'HOMME POLICÉ, 5 vol.
in-12.
LE COCU, 4 vol.

PARIS, IMPRIMERIE DE COSSON,
RUE SAINT-GERMAIN-DES-PRÉS, N. 11.

PRÉFACE

A CAUSE DU TITRE.

———

Je n'ai jamais fait de préface à mes romans; j'ai toujours regardé comme assez inutile ce que l'auteur y dit, y explique d'avance au lecteur. Celui-ci serait en droit de lui répondre, comme Alceste à Oronte : *Nous verrons bien.*

Je n'ai jamais pensé non plus que c'était pour causer avec l'auteur du roman que le public lisait ce roman. Peu importe, sans doute, à mes lecteurs, que je sois jeune ou vieux, petit ou grand, que j'écrive le matin ou la nuit : ce qu'ils désirent, c'est un ouvrage qui leur plaise, où il y ait assez de naturel pour qu'on puisse s'identifier avec les personnages ; et, si l'auteur vient toujours parler de lui et se mettre là entre ses héros et son lecteur, il me semble qu'il détruit l'illusion et nuit à son propre ouvrage.

Si je mets aujourd'hui une préface à mon livre, c'est à cause du titre.... de ce titre qui a fait reculer d'épouvante quelques personnes qui ne reculent pas devant les *bourreaux*, les *damnés*, les *suppliciés*, les *guillotinés* et autres gracieusetés qu'on se permet en toute liberté. Je veux, non pas me justifier, car je ne me crois pas coupable, mais je désire rassurer quelques-unes de mes lectrices que mon titre effaroucherait par trop.

Le Cocu ! Qu'a donc ce mot de si indécent? qu'est-ce qu'il signifie d'abord ? un homme marié, qui est trompé par sa femme; un mari, dont l'épouse est infidèle. Vouliez-vous que je misse pour titre à mon livre : *l'Epoux dont la femme a trahi ses sermens ?* Cela aurait ressemblé à une affiche de Pontoise. N'était-il pas plus clair, plus simple de ne mettre que le mot qui, seul, dit tout cela ?

Vous auriez pû mettre *le Prédestiné*, me diront quelques personnes. Je répondrai à ces personnes que ce titre eût été fort bon pour ceux qui l'auraient compris, mais que beaucoup de gens n'auraient pas deviné que cela signifiait *Cocu;* que tout le monde n'est pas initié à ce langage de convention, et que j'écris pour être compris de tout le monde.

Puis enfin, pourquoi tant se gendarmer contre ce mot, si souvent et si heureusement employé au théâtre? Qui ne sait pas que notre immortel Molière a intitulé une de ses pièces : *le Cocu imaginaire ?* Cette pièce, je l'ai vue représentée, et par conséquent affichée dans les rues de Paris, il n'y a pas encore trois ans ; temps où cependant nous nous permettions beaucoup moins de libertés qu'à présent ; et cependant je n'ai vu personne reculer d'horreur, de dégoût, ou avoir des mouvemens d'indignation, des crispations nerveuses, en lisant l'affiche du théâtre Français, sur laquelle était imprimé : *le Cocu imaginaire.* Je crois pourtant que l'on doit être plus sévère pour ce que l'on dit au théâtre que pour ce qu'on met dans un roman ; car, si je mène ma fille au spectacle , et si les personnages y disent quelque chose d'inconvenant, je ne puis pas empêcher ma fille de l'entendre ; tandis qu'il m'est bien facile de ne pas lui laisser lire un roman où il y aurait de ces choses-là.

Mais, je le répète, le mot *Cocu* doit faire rire, et voilà tout. N'est-ce pas là l'effet qu'il produit au théâtre ?

Oui, voilà qui est bien; mes enfans seront gentilshommes ; mais je serai cocu, moi, si l'on n'y met ordre.

(*George Dandin*, act. Ier.)

Voilà pour le prochain une leçon utile;
Et si tous les maris qui sont en cette ville
De leurs femmes ainsi recevaient les galans ,
Le nombre des cocus ne serait pas si grand.

(*L'École des Femmes*, act. IV.)

Ce damoiseau, parlant par révérence,
Me fait cocu, madame, avec toute licence.

(*Sganarelle*, scène XVI.)

Vous apprendrez, maroufle, à rire à nos dépens,
Et, sans aucun respect, faire cocu les gens.

(*Idem*, scène XVII.)

On vit brûler son âme,
Malgré nous et nos dents, d'une illicite flamme;
Et qu'enfin, m'efforçant d'en être convaincu,
J'appris, sans me vanter, qu'on me faisait cocu.

(Montfleury, *la Femme juge et partie.*)

Quoi! me couvrir moi-même et d'opprobre et de blâme!
Moi-même publier la honte de ma femme!
Et chercher, quoiqu'enfin j'en sois trop convaincu,
Des témoins, et prouver qu'elle m'a fait cocu!

(*Idem, idem.*)

Je sais qu'on me dira encore : Ce qui

était bon jadis peut ne plus l'être maintenant; autres temps, autres mœurs.

Je répondrai à cela : autres temps,
autres usages, autres modes, autres fa-
çons d'habits, autres heures pour les
repas, c'est très-vrai; mais autres mœurs,
je n'en crois rien. Nous avons les mêmes
passions, les mêmes défauts, les mêmes
ridicules que nos pères. Je suis très-
persuadé que nous ne valons pas mieux
qu'eux : ces passions, ces vices, peuvent
être cachés sous des formes plus poli-
cées, mais le fond est toujours le même.
La civilisation rend les hommes plus aimables, plus habiles à cacher leurs défauts; le progrès des lumières les rend

plus instruits, moins crédules. Mais où me prouverez-vous que cela les rend moins intéressés, moins ambitieux, moins envieux, moins libertins? Non : les hommes d'aujourd'hui ne valent pas mieux que ceux d'autrefois, et que ceux qui existeront dans mille ans, si dans mille ans il en existe encore, ce que je ne vous affirmerai pas, mais ce qui est présumable. Ne soyons donc point scandalisés aujourd'hui de ce qui faisait rire nos ancêtres; ne nous montrons pas si rigoristes, si méticuleux, cela ne prouverait nullement en faveur de notre vertu. Au spectacle, les bonnes mères de famille rient franchement d'une plaisanterie un peu leste, mais les femmes entretenues font la grimace, ou mettent leur éventail devant leurs yeux.

Ensuite, lorsque l'on ose tant dans le genre qu'on appelle romantique, pourquoi donc serait-on plus sévère pour le genre gai, pour des tableaux de société? Parce que je peins une scène contemporaine, dois-je craindre de laisser trop d'allure à ma plume? ce privilége sera-t-il exclusivement réservé à ceux qui nous transportent aux siècles passés et qui affublent leurs personnages de bottes à entonnoir, et de petits manteaux?

Pendant que je m'adresse à mes lecteurs, et surtout à mes lectrices, je ne puis résister au désir de répondre à l'in-

culpation que l'on m'a quelquefois adres-
sée, de faire des ouvrages peu moraux.

Ce qui est gai, ce qui ne tend qu'à
provoquer le rire, peut être un peu leste
de ton sans être pour cela licencieux.

*Si la volupté est dangereuse, des plai-
santeries ne l'inspirent jamais.* Un ouvrage qui fait soupirer, qui exalte l'i-
magination, est bien autrement dange-
reux que celui qui fait rire. Ceux qui
dans mes romans n'ont point vu le but
moral, n'ont pas voulu le voir. Je ne
crois pas qu'il soit nécessaire d'être mo-
rose pour offrir quelques leçons à ses
lecteurs. Ce n'est pas tristement que Mo-

lière a châtié les travers, les sottises des hommes, et tourné leurs vices en ridicule.

Dans *Georgette*, j'ai tracé la vie d'une femme entretenue; elle finit de manière à ne pas donner envie de l'imiter. Dans *Frère Jacques*, j'ai peint un joueur, et montré jusqu'où cette affreuse passion pouvait nous mener. Dans *la Barbier de Paris*, deux hommes cèdent à leurs passions : la cupidité et le libertinage. Tous deux y sont punis par où ils ont péché. *Jean* prouve qu'une passion bien placée peut nous faire rougir sur nos manières, sur notre ignorance, et nous dégoûter de la mauvaise compagnie et des mauvais lieux. Dans *la Laitière de*

Montfermeil, j'ai cherché à prouver que l'argent répandu en bienfaits rapportait plus que celui dépensé en folies. *André le Savoyard* est l'histoire d'un pauvre enfant des montagnes : c'est en se conduisant bien, c'est en secourant sa mère, en aidant son frère, en donnant ce qu'il possède à sa bienfaitrice, qu'il parvient à être heureux et à triompher d'un amour sans espoir. *Sœur Anne* est une jeune fille séduite. Son séducteur, placé entre sa maîtresse et sa femme, y reçoit une assez forte leçon. *La femme, le mari et l'amant* offre un tableau trop vrai de la conduite de bien des époux. *L'homme de la nature et l'homme policé* doit montrer les avan-

tages de l'éducation. Si ces ouvrages
n'ont pas un but moral, c'est que probablement je n'ai pas su les écrire avec
assez de talent pour le faire sentir à
mes lecteurs.

Mais c'est assez, c'est beaucoup trop
parler de mes romans; et tout cela à
propos de ce pauvre *Cocu!* De grâce,
mesdames, que ce titre ne vous effraie
pas. L'épigraphe de ce livre a dû déjà
vous rassurer un peu : lisez donc sans
crainte, ne condamnez pas sans entendre. Peut-être trouverez-vous ce roman
bien moins gai que vous ne le croyiez;
peut-être même penserez-vous que j'aurais pû, que j'aurais du présenter mon

héros d'une toute autre manière. Enfin, si tel qu'il est, ce roman ne vous plaît pas, pardonnez-le-moi, mesdames, je tâcherai de prendre ma revanche dans un autre ouvrage; car le *Cocu* que je vous offre aujourd'hui ne sera pas, je l'espère, le dernier que je ferai.

CH. PAUL DE KOCK.

LE COCU.

CHAPITRE PREMIER.

UN CABINET DE LECTURE.

« Madame, donnez-moi le *Constitu-*
» *tionnel.* — Ils sont tous en lecture pour
» le moment, monsieur. — Eh bien,
» donnez-moi le *Courrier français.* — En
» voici la première feuille, monsieur...

» Vous aurez l'autre tout à l'heure. —
» Madame, quand je viens lire un journal,
» je suis bien aise de l'avoir entier : avec
» vos nouvelles méthodes de couper le
» journal en deux, vous nous faites
» quelquefois rester en suspens dans
» l'endroit le plus intéressant, et c'est
» fort désagréable... — Mais, monsieur,
» nous ne pouvons cependant pas avoir
» dix exemplaires de chaque journal!...
» Les frais sont déjà assez lourds !... En
» coupant le journal, il est plus facile de
» contenter beaucoup de personnes, et
» certainement la seconde feuille du
» *Courrier* rentrera avant que vous
» n'ayez lu la première. — Ce n'est pas
» sûr. Je ne suis pas de ces gens qui
» mettent une heure à lire une colonne...
» Je veux un journal entier. — Voulez-vous
» les *Débats* ? — Va pour les *Débats*. »

Le monsieur qui tient à avoir un journal entier, comme ces enfans qui, chez le traiteur, veulent un plat pour eux seuls, quoique souvent ils n'en puissent pas manger la moitié, est entré en grommelant dans le salon de lecture: il va s'asseoir sur un banc entre deux liseurs, dont l'un, jeune et poli, se recule pour lui faire place; tandis que l'autre, vieux, rabougri et coiffé en ailes de pigeon, regarde avec humeur le nouveau-venu et lui tourne le dos après avoir murmuré d'une voix aigre : « Prenez » donc garde, monsieur: vous vous as-» seyez sur ma redingote. »

Moi, je suis debout à l'entrée du salon, où je fais rarement une longue station : j'ai eu facilement un journal *entier* parce que j'ai pris un petit journal littéraire, et maintenant que la politique absorbe tout, on néglige cruellement la simple littérature. Je conçois fort bien que les intérêts de notre pays occupent et intéressent. Il y a des momens où je lis les grands journaux avec empressement, mais alors même je ne pourrais passer des heures à les méditer..... Que voulez-vous ? on ne se refait pas : la politique n'a jamais été de mon ressort!..... et, je ne sais si je me trompe, mais il me semble qu'il serait bien heureux, le pays où l'on n'aurait pas besoin de s'en occuper.

Je voulais savoir ce qu'on disait de la pièce que l'on a donnée hier aux *Variétés*. Un journal prétend qu'elle est détestable ; un autre la trouve charmante ; faites-vous donc une opinion là-dessus!

« Madame, donnez-moi, s'il vous

» plaît, la *Quotidienne*... et la *Gazette de*
» *France*... si on ne les tient pas?... — Non,
» monsieur, on ne les tient pas.... Les
» voici. »

J'ai tourné la tête... on tourne souvent la tête quand on ne lit pas des
choses sérieuses: j'ai voulu voir la figure
du monsieur qui vient de prendre la *Ga-*
zette et la *Quotidienne*. J'ai vu un grand
personnage, tout long, tout droit; aux
cheveux plats, lisses, bouclés par derrière l'oreille; à l'œil couvert, à la voix
mielleuse..... j'allais presque dire à l'o-
reille rouge et au teint fleuri: c'est qu'en
vérité il y a de cela; et si j'avais regardé
ce monsieur avant qu'il parlât, j'aurais
deviné quels journaux il demanderait.
On prétend que la physionomie est
trompeuse, mais non, elle ne l'est pas
autant qu'on le dit; surtout pour ceux

qui veulent bien se donner la peine de l'examiner attentivement.

Je tiens encore mon journal, mais je ne le lis plus. Je m'amuse à considérer toutes ces figures penchées sur ces feuilles de papier imprimé. Ce serait un joli tableau à faire pour un peintre de genre. Ce gros homme, dont les deux coudes sont appuyés sur la table couverte du tapis vert de rigueur, a l'air d'un potentat appelé à prononcer entre les rois ses voisins. Tantôt sa lèvre inférieure s'avance, il blâme sans doute ce que l'on a fait ; mais bientôt il se radoucit, sa bouche reprend son expression accoutumée, et un petit mouvement de tête annonce qu'il est plus satisfait de ce qu'il lit. A sa droite, un petit homme à cheveux gris, lit avec une avidité qui se peint dans tous ses traits. Peu lui im-

porte qu'on entre, qu'on sorte, qu'on
tousse, qu'on se mouche ou qu'on s'as-
seye près de lui ; ses yeux ne quittent
pas une minute la feuille qu'il tient, et
ses yeux brillent comme ceux d'un jeune
homme. Il y a du patriotisme, de la
gloire, de la liberté dans cette tête-là.

Là-bas, un homme entre deux âges ;
un homme à manies : cela se voit sur-le-
champ. Il faut que la lampe soit juste
devant lui, que ses pieds aient une
chaise pour s'appuyer et que sa tabatière
soit placée à côté de son journal. Si toutes ces formalités ne sont pas exactement
remplies, voilà un homme qui est malheureux, et qui ne saura plus ce qu'il
lit. J'en ai bientôt la preuve : son voisin
vient avec son coude de repousser sa tabatière ; il lève les yeux avec colère et regarde le voisin en murmurant : « Il me

» semblé que vous avez assez de place
» et qu'elle ne vous gêne pas. » Il est
plusieurs minutes avant de pouvoir reprendre tranquillement sa lecture, ce
qu'il ne fera qu'après avoir replacé sa
boîte à la même distance de sa main.
Mais bientôt il lui arrive un accident
plus grave : comme il y a beaucoup de
monde dans le cabinet, un nouveau-venu
se permet de s'emparer de la chaise sur
laquelle il posait ses pieds. Alors l'homme
à manies est tout bouleversé : après avoir
regardé du haut en bas celui qui s'est
permis une telle action, il se lève, passe
au comptoir, jette avec humeur le journal et un sou, puis sort en disant : « C'est
détestable... il n'y a pas moyen de lire
les nouvelles quand on est troublé et
» dérangé à chaque instant. »

Dans ce coin, au fond, s'est placé le

monsieur aux cheveux lisses. Il jette de
temps à autre un regard en dessous autour de lui; il reprend ensuite sa lecture, mais doucement, sans remuer,
sans gesticuler, sans laisser paraître le
moindre changement dans l'expression
de sa physionomie.

Un peu plus loin, un individu à figure
bête est depuis un temps infini penché
sur la même feuille; cependant il ne dort
pas, ce que j'avais cru d'abord. Cet
homme-là est, m'a-t-on dit, l'épouvantail
des cabinets littéraires. Il met régulière-
ment quatre heures pour lire un journal
ordinaire, et six heures pour le *Moni-*
teur. Si les loueurs de journaux avaient
beaucoup d'habitués comme celui-là, ils
devraient faire payer à l'heure, comme
au billard.

J'allais continuer ma revue, mais je

suis distrait par une voix féminine, qui
retentit à mes oreilles; ce qui est fémi-
nin m'a toujours causé des distractions.
J'abandonne bien vite les habitués du
cabinet, et je regarde à ma droite dans
le salon voisin, qui est tapissé de ta-
blettes chargées de livres, car ici on
loue des livres et des journaux: et en
vérité on a raison; dans ce siècle-ci,
pour gagner sa vie, ce n'est pas trop, ce
n'est même quelquefois pas assez, de
faire deux choses à la fois.

Comme je suis debout entre les deux
salons, il m'est facile de voir aussi dans
celui consacré à la librairie: je vois donc
une femme d'une vingtaine d'années, à
la figure vive, éveillée. Sa mise annonce
qu'elle est voisine; elle est coiffée en
cheveux; un tablier de taffetas noir à cor-
sage lui prend fort bien la taille; mais ses

pieds sont dans des chaussons de lisière
beaucoup trop larges, et elle a encore
un dez à une de ses mains, couvertes de
vieux gants dont les doigts sont coupés.

, . Elle entre en souriant, en sautillant,
et dépose sur le comptoir un paquet de
livres, en disant : « Tenez ! nous avons
» déjà *dévoré* tout ça !... — Comment !...
» et vous ne les avez que d'hier !......
» — Oh ! c'est que nous lisons vite à
« la maison..... Ma tante ne fait pas
» autre chose ; ma sœur, qui a mal au
» pouce, ne pouvait pas travailler... elle
» a souvent mal au pouce, ma sœur !...
» et monsieur mon frère aime beaucoup
» mieux lire des romans que d'étudier
» son violon... J'avoue que j'aime bien
» mieux aussi quand il n'étudie pas ;
» c'est si ennuyant, d'entendre râcler du
» violon à ses oreilles !... Ah !... ça me

» fait grincer des dents, rien que d'y
» penser... J'ai le violon en horreur !....
» Qu'est-ce que vous allez me donner?...
» nous voulons quelque chose de gentil..
» — Je ne sais trop.... Vous allez si
» vite !... Vous aurez bientôt lu toute ma
» boutique !..... — Nous voulons du
» nouveau. — Du nouveau !... voilà bien
» tous les abonnés : il leur semble
» que le nouveau seul est bon !.... Et
» pourtant nous avons d'anciens romans
» qui sont bien au dessus des moder-
» nes !... — Ah ! vous dites ça pour me
» faire prendre encore vos *Cléveland*,
» vos *Tom Jones*, votre vieux *Doyen de*
» *Killerine*... — Mademoiselle, le *Doyen*
» *de Killerine* est un très-bon ouvrage
» et... — Madame, je ne m'intéresse pas
» à un héros qui est bossu, a les jambes
» torses et des loupes sur les yeux ! Fi

» donc! parlez-moi d'un beau jeune
» homme, bien brun... bien fait, d'une
» belle tournure... A la bonne heure,
» on se le représente, on croit le voir...
» Quand il parle d'amour, on se dit :
» Je voudrais un amant comme cela...
» Et ça fait plaisir. »

La libraire sourit; j'en fais autant,
tout en ayant l'air de n'être occupé que
de mon journal. La demoiselle voltige
devant chaque tablette du magasin; elle
prend des volumes, les ouvre, puis les
replace sur des rayons, en disant : « Nous
» avons lu cela..... nous avons lu cela...
» Mon Dieu! est-ce que nous avons tout
» lu?...

— » Tenez, mademoiselle, » dit la
dame qui tient le cabinet, « voici quelque
» chose de fort intéressant et de bien
» écrit... — Qu'est-ce que c'est?... — La

» *Femme de bon sens* ou *la Prisonnière*
» *de Bohéme.* — Voyons par qui : Tra-
» duit de l'anglais par *Ducos*!... Comment
» cela a paru en mille sept cent quatre-
» vingt dix-huit ! Est-ce que vous vous
» moquez de moi, de me donner un ro-
» man aussi vieux ? — Mais qu'importe
» son âge, puisque je vous dis que c'est
» bien ? — Et moi je vous dis que l'âge
» fait beaucoup ; nous aimons les ta-
» bleaux de mœurs, les scènes contem-
» poraines. Un roman qui a plus de
» vingt ans ne peut pas peindre les
» mœurs actuelles. — Mais il peut pein-
» dre les passions, les ridicules de la
» société ; ces choses-là sont de tous les
» temps, mademoiselle. C'est pourquoi
» ou s'amuse encore en voyant représen-
» ter *Tartufe*, le *Misantrope*, l'*Étourdi*.
» quoique ces ouvrages ne soient certai-

» nement pas nouveaux. — Ah ! cela
» dépend du goût... Mais je ne veux pas
» de votre *Femme de bon sens*..... D'ail-
» leurs, le titre ne me plaît pas... Il semble
» que soit une épigramme !... — Tenez,
» voici qui est plus nouveau... C'est le
» *Bourreau de*..... — Assez !..... assez !.....
» Grâce au ciel, nous n'avons jamais
» eu de goût pour les bourreaux !.....
» Nous n'aimons pas la littérature de
» cimetière, les mœurs de la morgue...
» Il est possible que ces tableaux-là
» soient pleins de vérité, mais nous n'a-
» vons nulle envie d'aller nous en assu-
» rer; nous fuirions avec horreur une
» rue, une place où l'on se disposerait à
» exécuter quelques criminels : et vous
» voulez que nous lisions avec plaisir
» des ouvrages où l'on s'attache à nous
» détailler de telles horreurs, à nous

» offrir des tableaux hideux!... Ah! ma-
» dame, je trouve qu'il faut avoir bien
» mauvaise opinion des femmes pour
» penser qu'elles prendront goût à ces
» lectures, pour croire que de telles
» peintures peuvent avoir de l'attrait
» pour nous! C'est nous assimiler à ces
» malheureuses qui se pressent, se fou-
» lent pour assister à une exécution, et
» je ne pensais pas qu'il pût y avoir de la
» gloire à écrire pour ces femmes-là. »

Je ne puis m'empêcher de quitter des
yeux mon journal; on aime à rencontrer
des personnes qui pensent comme nous,
et comme relativement à la littérature
je partage entièrement l'opinion de cette
demoiselle, je la regarde avec satisfaction. Le hasard fait qu'en ce moment elle
me regarde aussi. Je souris sans doute,
car elle fait une petite figure toute drôle,

et va voltiger près d'une autre partie de la bibliothèque.

Elle revient bientôt, tenant quatre gros volumes, en disant : — « Enfin je » crois qu'en voici un que nous n'avons » pas lu... *Eugène et Guillaume...* Je » prends cela... C'est par *Picard*; ça doit » être bon. — Il ne faut pas toujours s'en » rapporter au nom de l'auteur, made- » moiselle; malgré cela, quand c'est d'un » écrivain qui sait écrire, on est sûr au » moins d'avoir quelque chose qui ne » pèche pas par le style, alors même que » l'intrigue ou les événemens ne se- » raient pas heureux. Vous prenez alors » *Eugène et Guillaume?* — Oui ; mais il » me faut encore quelque chose avec » cela... Quatre volumes! à peine s'il y » en a pour notre soirée!... Ah! avez- » vous quelque chose de nouveau de

» l'auteur de *Sœur Anne?...* Vous sa-
» vez bien que c'est mon favori, ce-
» lui-là?... »

Je ne puis m'empêcher de regarder
cette demoiselle avec une nouvelle satisfaction, parce que je suis très-ami
avec l'auteur dont elle vient de parler.

— « Non, mademoiselle; nous n'avons
» rien de cet auteur-là que vous ne l'ayez
» lu... Mais voici quelque chose qui a
» paru hier... — Ah! donnez... don-
» nez... — Je ne sais pas trop ce que
» c'est... Mais pour nouveau, je vous le
» garantis!..... — Donnez..... — Vous me
» promettez de ne point le garder long-
» temps... — Non, non; vous savez bien
» que c'est l'affaire d'une veillée chez
» nous... — Vous prendrez bien garde
» en le coupant... — Oui, oui!... Je m'en

» vais bien vite, car ma tante dira que
» j'ai bavardé. »

La demoiselle prend tous les volumes
sous son bras et sort, après toutefois
avoir encore jeté un petit regard de
mon côté.

A cette jeune personne succède une
femme en bonnet rond, en déshabillé
d'indienne. Celle-là ne rapporte qu'un
seul ouvrage qu'elle dépose sur le comptoir, en disant : — « Ah ! Dieu !... avons-
» nous eu de la peine à le finir !... J'ai
» cru que nous n'en verrions jamais la
» queue !... — Il est vrai qu'il y a près
» d'un mois que vous avez ce roman-là..·
» —Ah ! dame ! nous ne lisons pas vite
» chez nous ; avec ça, d'ordinaire c'est
» mon homme qui me lit pendant que
» je travaille ; et comme il a toujours son
» catarrhe, il s'arrête à chaque virgule

» pour tousser... C'est égal, c'est ben
» amusant... J'ai fièrement pleuré avec
» cette pauvre fille qui passe quinze ans
» dans des souterrains, nourrie seule-
» ment avec du pain et de l'eau... Fallait
» qu'elle eût un fameux estomac quoique
» ça, pour ne pas faire une maladie!...
» —Voulez-vous quelque chose?—Oui,
» sans doute. Des *voleurs*, s'il vous plaît,...
» et puis des *revenans*, si vous en avez...
» parce qu'un roman où il y a des reve-
» nans et des voleurs, ça ne peut pas
» être mauvais!... Ah! et puis qu'il y ait
» des gravures... de ces belles gravures
» où l'on voit des crimes!... Je tiens aux
» gravures, moi; d'ailleurs je me dis :
» Un roman où l'on n'a pas fait la dépense
» d'une image, c'est qu'apparemment ce
» n'est pas le Pérou... Est-ce que je n'ai
» pas deviné juste?... — Tenez, madame,

» voici qui vous amusera beaucoup...—
» Qu'est-ce que c'est ?...—Les *Esprits*
» *du château sans nom* ou les *Brigands*
» *de la Carrière abandonnée.* — Ah! le
» beau titre !... comme ça résonne bien...
» Voyons les images... Un homme qui
» mange un squelette! Ah Dieu! que ça
» doit être joli!... Je n'en veux pas voir
» davantage... J'emporte vos *Esprits*, et
» je vais acheter de la pâte de jujube
» pour mon mari, afin qu'il tousse un
» peu moins en lisant. »

La bonne dame qui aime les images
est remplacée par un monsieur âgé qui
veut aussi avoir un roman. On lui demande dans quel genre ; mais peu lui
importe : c'est pour lire le soir dans son
lit ; il désire quelque chose qui l'en-
dorme tout de suite. On lui trouve sur-
le-champ ce qu'il lui faut.

Après ce monsieur, vient une dame
sur le retour. Elle rapporte des *Mémoires*; elle demande des *Mémoires*;
elle trouve qu'on ne peut plus lire que
des Mémoires. Quand une dame a passé
l'âge des conquêtes, je conçois que les
mémoires lui semblent une lecture ins-
tructive et agréable : pour ces dames
le passé a plus de charmes que le présent. Ne pouvant plus nous entretenir de
ce qu'elles font, elles veulent que l'on
s'occupe de ce qu'elles ont fait : c'est
encore un moyen de faire parler de soi.
Après avoir eu des aventures, elles trouvent que ne plus occuper le public, c'est
mourir de son vivant. Pauvres femmes!
je les plains : elles meurent deux fois.
Voyez comme on se trompe pourtant!...
Celles-là tombent dans l'oubli en cherchant l'immortalité; et il est de ces

bonnes mères de famille, de ces femmes
simples, vertueuses, vivant sans renom-
mée auprès de leurs enfans, qui pourtant ne meurent pas entièrement, car
tous ceux qui les ont connues conser-
vent au fond du cœur et leur image et
leur souvenir.

La dame aux mémoires est partie avec
huit volumes *in-octavo* sous le bras.
Vient ensuite un vieux monsieur poudré
et musqué comme au temps de la ré-
gence. Il porte un petit chapeau à cornes qui n'approche pas de ses oreilles,
et par dessus son habit, une douillette
de soie, quoique nous soyons à peine
en octobre.

Ce monsieur fait un salut de protec-
tion à la dame qui tient le magasin, et
place deux volumes sur son comptoir,
en disant :

« Que diable m'avez-vous donné là?...
» c'est mauvais... c'est détestable... —
» Quoi! monsieur, vous n'êtes pas con-
» tent de cet ouvrage?... Il a cependant
» obtenu l'approbation générale. — Je
» vous assure qu'il n'aura pas la mienne!...
» —Alors monsieur ne veut pas la suite?...
» il y a encore deux volumes. — Non,
» certainement, je ne veux pas la suite...
» C'est tout au plus si j'en ai lu trois
» pages. — Et cela vous a suffi pour ju-
» ger? — Oui, madame, je juge dès les
» premières lignes, moi... Je veux quel-
» que chose de bon... d'utile... un roman
» de chevalerie, par exemple... — J'ai
» *Amadis des Gaules*. — Je l'ai lu. —
» *Geneviève de Cornouailles*. — Je l'ai
» lu... — *Les Chevaliers du Cygne*. —
» Je l'ai lu... J'ai lu tout ce qui est an-
» cien dans ce genre. Donnez-m'en un

»nouveau. — Mais... c'est qu'on ne fait
»plus guère de romans de chevalerie. —
»Comment, on n'en fait plus?... Et
»pourquoi n'en fait-on pas?... Il faut en
»faire faire, madame; il faut en com-
» mander à vos romanciers. — Ils disent
»que ce n'est plus de mode, monsieur.
» — Ils ne savent ce qu'ils disent!... Il
»n'y a que cela de joli... C'est le vrai
»genre du roman... Mais ces auteurs
»modernes ne comprennent pas le goût
»des lecteurs!... Ils font des ouvrages
»où ils visent à l'esprit, au naturel... Ils
»font des tableaux de société... comme
»si cela pouvait se comparer à la descrip-
»tion d'un tournoi!... Jadis on faisait
»des romans bien meilleurs! Ceux de
»Crébillon fils n'étaient pas sans mérite.
»Mademoiselle de Scudery les faisait un
»peu trop longs, j'en conviens; mais

I. 2

»*le Sopha*, *les Bijoux indiscrets*, *An-*
»*gola!*... voilà de jolis ouvrages... pétil-
»lans de détails délicieux!... — Si mon-
»sieur voulait *l'Enfant du Carnaval* de
»Pigault-Lebrun, c'est aussi plein de
»détails fort amusans... — Non, ma-
»dame, non; je ne lis point de ces ou-
»vrages-là!... Pour qui me prenez-vous?
»C'est d'un leste... il y a là dedans un
»certain plat d'épinards qui... — Qui
»fait rire, monsieur; tandis que votre
»*Angola* fait rougir, et quelquefois pis
»encore... — Madame, donnez-moi un
»roman de chevalerie... Je veux instruire
»mon petit-fils; et certainement c'est
»la seule lecture qui puisse lui être à la
»fois *utile dulci.* — Si monsieur voulait
»*Don Quichotte?...* — *Don Quichotte!...*
»fi! donc, madame... Votre *Cervantes* est
»un impertinent!... un drôle!... un fa-

» quin!... qui se permet de rire de ce
» qu'il y a de plus noble, de plus galant,
» de plus révéré!... Si ce Cervantes avait
» vécu de mon temps, madame, je lui
» aurais fait rétracter son Don Qui-
» chotte... ou, par les mânes de mes
» aïeux! je jure qu'il aurait passé un
» mauvais quart d'heure!... »

La libraire feint d'avoir un accès de toux pour cacher son envie de rire. Quant à moi, je n'y tiens pas... j'éclate, et le journal me tombe des mains. L'homme à la douillette se retourne de mon côté; il me toise avec indignation, et porte sa main droite à son côté gauche : je ne sais si c'était pour y cher-cher une épée et me traiter comme *Michel Cervantes*; mais comme, au lieu d'une rapière, sa main ne rencontre qu'une bonbonnière en bergamote, il

la prend, l'ouvre, en tire deux ou trois
pastilles qu'il met avec dignité dans sa
bouche, puis dit à la libraire : « Voyons,
» finissons-en... Que me donnez-vous,
» Madame ?...

    » — Si monsieur ne connaissait pas, par
» hasard, l'histoire des *Quatre fils Ay-*
» *mon*... — Je l'ai lue trois fois; mais je
» la lirai encore avec plaisir... Donnez-
» moi l'histoire des fils Aymon, je la
» ferai méditer à mon petit-fils... et ce
» ne sera pas ma faute si je n'en fais pas
» un *Richardet*. »

    Le monsieur met les fils Aymon sous
sa drouillette; il me lance encore un
regard courroucé, et va probablement
faire une très-belle sortie : malheureusement en me regardant il n'a pas vu une
dame qui entrait; en se retournant il se
jette sur elle, et le chapeau de la dame

fait tomber à terre celui à trois cornes qui n'était posé qu'en équilibre. Le petit vieux ramasse son chapeau, l'enfonce sur ses yeux, en murmurant : « Où en sommes-nous !.. » et sort en tirant la porte avec une telle colère qu'il manque de briser tous les carreaux, ce que je ne trouve nullement poli pour un vieux chevalier.

La dame qui a fait voltiger le petit chapeau est jeune et assez gentille ; un demi-voile rejeté sur la forme de sa capote n'empêche pas de voir ses traits : ses yeux d'ailleurs n'annoncent pas une personne qui craint d'être remarquée ; au contraire. Mais il y a dans sa mise un mélange de coquetterie et de malpropreté, de prétention et de pauvreté. Elle tient à la main une brochure qu'elle jette sur le comptoir en disant : « Je vous

» rapporte les *Chevilles de maître Adam:*
» combien vous dois-je? — Six sous,
» mademoiselle. — Comment! six sous
» pour un vaudeville que je n'ai gardé
» que trois jours, le temps de copier mon
» rôle... — Mademoiselle, c'est le prix...
» Vous m'avez donné trente sous
» d'arrhes : en voici vingt-quatre. — Mais
» madame, c'est exorbitant... six sous...
» J'en loue très-souvent et je n'ai jamais
» payé cela... Autant vaudrait alors ache-
» ter la pièce. Combien donc coûte-t-elle?
» — Trente sous, mademoiselle. — Ah!
» mon Dieu! comme on fait monter les
» pièces à présent... C'est bien bête!..
» j'ai pourtant besoin du *mariage de Fi-*
» *garo* pour apprendre Chérubin que je
» joue dimanche rue Chantereine... Moi,
» je ne peux apprendre mes rôles qu'en
» les copiant : en écrivant ça se grave

» dans la tête... J'ai copié *Nanine* en une
» nuit, et je la savais le lendemain. Mais
» six sous! c'est un peu dur... on croit
» que de jouer en société ça ne coûte
» rien! Ah bien! ce sont des frais à n'en
» plus finir. Les costumes... le rouge,
» les paquets à faire porter. C'est égal
» donnez-moi *Figaro*. Je n'ai pas encore
» joué de *travesti*; mais mon professeur
» m'a dit que je serais très-bien parce
» que je n'ai pas les genoux en dedans...
» Gardez mes arrhes, ça fera pour
» celle-ci. »

On donne à cette dame *le Mariage de
Figaro*. Elle feuillette la brochure en
murmurant : « Ah! qu'il est court...
» presque pas de *tirades*... moi qui aime
» tant les *tartines*... Je suis fâché main-
» tenant de ne pas jouer *Suzanne*. Mais
» je les copierai tous les deux : ça fait

» que je ferai la femme ou l'homme,
» comme on voudra. Je n'y tiens pas. »

L'apprentie comédienne fourre la brochure dans son sac et sort, en tortillant autour de son corps un vieux schall qui semble avoir servi souvent de turban à Zaïre ou à Mahomet.

Ce doit être amusant de louer des livres; on voit beaucoup de monde, on entend de plaisantes choses; il y a des gens qui mettent tout de suite à nu leur sottise, leur ridicule, leur mauvais goût; mais il faut de la patience, surtout lorsqu'on a affaire à des abonnés comme le chevalier en douillette.

Je vais rendre mon journal et payer, lorsqu'une voix, bien connue de moi, se fait entendre avant même que celui à qui elle appartient ait ouvert la porte de la boutique.

Je me retourne et vois entrer mon ami Bélan, qui, suivant son habitude, crie en parlant comme s'il s'adressait à des sourds, et trouve moyen de tenir la place de quatre personnes, quoiqu'il soit fluet et que sa taille l'ait exempté de la conscription; mais Bélan fait sans cesse aller ses bras, il se hausse sur ses pointes pour se grandir, jette sa tête en arrière, et fait continuellement le manége d'un ours dans sa cage.

En ouvrant la porte Bélan m'aperçoit; il vient à moi, en s'écriant : « Ah ! Blé-
» mont!.. je vous cherche, mon ami..
» je viens de chez vous... on m'a dit que
» vous étiez peut-être ici, et voilà que...
» —Chut!.. Chut!.. ne parlez pas si haut,
dis-je à Bélan dont les accens criards causent une révolution dans le cabinet de lecture. « Attendez... je suis à vous!

» Mon cher ami, c'est qu'il s'agit d'une
» chose... d'un événement très-grave...
» Je vais vous conter cela : vous ver-
» rez si...

» Mais taisez-vous donc... les liseurs
» de journaux, dont vous interrompez
» la lecture, ne se soucient nullement
» de savoir vos affaires; ce n'est pas pour
» cela qu'ils sont venus ici. — Ah! c'est
» juste, mais... — Allons, venez. »

Et prenant M. Bélan sous le bras, je
l'entraîne loin du cabinet de lecture.

CHAPITRE II.

DE CES CHOSES QUI ARRIVENT SOUVENT.

« Maintenant, mon cher Bélan, par-
» lez : nous sommes sur le boulevard, et
» vous ne gênerez personne; cependant
» je vous engage à baisser un peu la
» voix, car je ne vois jamais la nécessité

» de mettre les passans dans notre con-
» fidence.

» Mon ami, baisser la voix !..... Cela
» vous est fort aisé à dire... Mais quand
» on est aussi agité... aussi ému que je
» le suis... il est bien permis de crier...
» ça soulage... Ah ! mon Dieu ! comment
» finira tout ceci !... — Vous commencez
» à m'effrayer, Bélan. De quoi s'agit-il
» donc ?... — Eh ! parbleu ! d'amour.....
» d'intrigue... de femme... toujours de
» femmes ! Vous savez bien que je ne sors
» pas de là !... »

Je ne puis m'empêcher de regarder
le petit homme. Je conviens qu'il est
très-bien fait dans dans sa petite façon,
et que beaucoup d'hommes grands n'ont
pas le mollet aussi fourni et aussi bien
placé que le sien. Mais sa figure est si
drôle !..... son nez au vent, ses sourcils

trop hauts, sa bouche en cœur et ses
gros yeux saillans forment un ensemble
si comique, que je ne conçois jamais
que cela puisse inspirer de l'amour; je
le concevrais bien plutôt d'une figure
laide qui serait aimable ou spirituelle;
mais probablement que je ne m'y connais pas, car Bélan passe pour un homme
à bonnes fortunes; et, comme il vient
de le dire lui-même, il est continuellement mêlé dans des intrigues d'amour.
Il est vrai que Bélan est riche, et l'argent
est un puissant auxiliaire. C'est à lui
seul que beaucoup de soi-disant séduc-
teurs doivent leurs succès.

Bélan s'aperçoit que je le regarde. Il
grimpe de nouveau sur la pointe de ses
souliers, et me dit d'un ton piqué, car
le petit homme se pique et s'irrite très
facilement :

— « Vous avez l'air surpris qu'il
» s'agisse d'une intrigue d'amour? Est-
» ce que cela vous étonne, que je tourne
» des têtes?—Non, mon cher ami; mais
» je m'étonne que vous soyez si agité,
» puisqu'il ne s'agit que d'une chose à
» laquelle vous devez être habitué. —
» Ah! c'est que ce n'est pas toujours
» aussi sérieux qu'aujourd'hui... Vous
» n'êtes pas sans savoir que je suis au
» mieux avec madame Montdidier...—
» Ma foi non, je ne le savais pas..... —
» Comment! vous ne saviez pas cela?...
» vous, un roué!... un séducteur dans
» mon genre! — Vous me faites trop
» d'honneur. — A coup sûr je ne l'ai dit
» à personne... car je suis la discrétion
» même! Mais ces choses-là! ça se voit
» toujours; ordinairement il n'y a que
» le mari qui ne s'en aperçoit pas. —

» Est-ce qu'il ne s'en est aperçu cette
» fois ? — Écoutez : Montdidier est un
» homme emporté, brutal même, à ce
» que dit sa femme; et de plus, horri-
» blement jaloux !... — Tout cela ne l'em-
» pêche pas d'être... — Non; ça n'em-
» pêche jamais ; au contraire, ça en
» donne l'envie....... Mais enfin, vous
» sentez qu'il fallait redoubler de pré-
» caution, de prudence !... Ce n'était pas
» ici un de ces maris qui vont au devant
» de vos désirs, qui vous supplient sans
» cesse d'accompagner leur femme, de
» leur donner le bras au spectacle, à la
» promenade... de ces maris enfin qui
» ont l'air de vous dire : Faites-moi cocu,
» ça me fera plaisir... — C'est vrai qu'il y
» en a comme cela. — Il s'agissait de
» tromper un Argus, un Othello; il fallait
» sans cesse inventer quelque strata-

» gême. Heureusement je ne suis jamais
» à court!...—Vous êtes bien heureux.—
» Aujourd'hui Montdidier dînait en ville;
» un repas de cérémonie auquel il ne pou-
» vait se dispenser d'aller. Là dessus nous
» dressons nos batteries. Sa femme fera
» semblant de dîner de bonne heure
» et dira ensuite qu'elle va voir sa tante;
» elle ira en effet; mais viendra me re-
» trouver chez un petit restaurateur du
» boulevard du Temple. Tout cela s'ar-
» range comme nous en étions convenus;
» nous dînons très-bien..... *et cætera,*
» *et cætera!* — Oui, beaucoup de *et*
» *cætera.* — Je vous prie de croire qu'il
» y en a eu beaucoup. Le soir il fallait
» qu'Hélène... C'est le nom de mon in-
» fante... —Le nom lui va très-bien.—
» Tiens, c'est vrai, au fait!... Je n'y avais
» pas encore pensé!..... Il fallait donc

» qu'Hélène allât retrouver son *Méné-*
» *las...* Ah! ah! c'est très-drôle, *Ménélas!...*
» —Vous êtes *Pâris*, vous... — C'est cela
» même... Je suis Pâris... Ah! quel dom-
» mage que je ne puisse pas rire main-
» tenant!..... Hélène devait donc aller
» retrouver son mari chez Giraud, qui
» donne une soirée... Vous connaissez
» Giraud... un bavard!... qui croit qu'il
» a un cabinet d'affaires parce qu'il a
» trois cartons rangés sur son bureau...
» et qui a la manie de vouloir marier
» tout le monde... Le tout, pour que sa
» femme et lui aillent à la noce. — Oui,
» je le connais. — Moi, je devais aussi
» aller chez Giraud, mais plus tard ;
» nous ne voulions pas arriver ensem-
» ble..... On jase déjà assez... et j'ai une
» réputation si terrible !... — Enfin? —
» Enfin tout à l'heure nous faisons venir

2*

» un fiacre, je monte dedans avec Hé-
» lène....... J'aurais dû la laisser aller
» seule... Mais que voulez-vous ?... on a
» toujours tant de peine à se quitter...
» Cette femme-là est extrêmement pas-
» sionnée !....... Me voilà dedans avec
» elle. Vous savez que Giraud demeure
» rue Poissonnière ; j'avais dit au cocher
» de me descendre au coin du boule-
» vard. Nous roulions... assez douce-
» ment par parenthèse, lorsque tout à
» coup nous nous sentons entraînés sur
» le côté : Hélène tombe contre une por-
» tière, je tombe sur elle... et tout cela
» était la suite d'un accident arrivé à la
» voiture : une roue de derrière venait
» de casser... Nous poussions des cris
» de possédés... Hélène me repoussait
» avec son poing, qu'elle me mettait
» dans l'œil, en disant que je l'étouffais,

» et moi je lui disais : Otez donc votre
» main; vous allez m'éborgner... Voyez-
» vous d'ici le tableau? — Je vois que
» vous ne songiez plus à vous dire des
» douceurs! — Ma foi non... bien au con-
» traire... je crois que nous allions nous
» dire des injures... Voyez cependant
» comme une roue qui se casse change
» la disposition des sentimens. Heureu-
» sement nous avions eu plus de peur
» que de mal. La foule s'était portée
» autour de notre fiacre. Je parviens à
» ouvrir la portière, je saute dehors le
» premier.. Mais jugez de ma stupéfac-
» tion! en voyant devant moi le mari...
» oui, Montdidier lui-même, qui ten-
» dait le cou pour savoir ce qui était
» arrivé. — Et vous a-t-il reconnu? —
» Je n'en sais rien : en l'apercevant je ne
» lui ai pas laissé le temps de me par-

» ler; je me suis retourné si brusque-
» ment que j'ai manqué renverser un
» marchand de tisane qui était derrière
» moi...; j'ai écarté, bousculé tout le
» monde, et j'ai couru jusque chez vous
» sans m'arrêter. — Et votre pauvre
» dame, vous l'avez laissée là?—Ne vou-
» liez-vous pas que je lui donnasse en-
» core la main, que je fisse le galant
» avec elle devant son mari?.. Il me sem-
» ble que j'ai pris le parti le plus sage...
» Mais cependant, si Montdidier m'a re-
» connu... et j'en ai peur... si sa femme
» me nomme... si... car il aura vu sa
» femme sortir du fiacre... Ah! mon
» Dieu! un homme si colère, si jaloux...!
» —Il est capable de faire un mau-
» vais parti à sa femme... — Oui, sans
» doute, à sa femme... et à moi...Elle ne
» cessait de me dire, quand nous étions

» ensemble : Ah! si mon mari savait...
» il me tuerait!.. il me tuerait... — Alors
» il pourrait fort bien vouloir vous tuer
» aussi... — C'est terrible... c'est déso-
» lant... Ce n'est pas la crainte de me
» battre... On sait bien que ce n'est pas
» çà... j'ai fait mes preuves... Mais le bruit,
» le scandale que causerait cette affaire...
» Et puis... au fond, je n'en veux pas à
» Montdidier, moi... Il me recevait très-
» bien, m'engageait à dîner... Je ne lui
» en veux pas du tout!.. — Vous n'en
» vouliez qu'à se femme. — Pas de plai-
» santeries, mon cher... la chose est
» trop sérieuse... Maudite manie des in-
» trigues!.. C'est fini, je ne veux plus
» tromper de maris... C'est fort ridicule...
» c'est même immoral... je m'en veux
» beaucoup de l'avoir fait... Comment!
» vous riez encore? — Oui, je ne puis

» m'empêcher de rire, parce que vous me
» faites l'effet de ces matelots qui prient
» Dieu pendant la tempête et s'en mo-
» quent quand il fait beau temps. — Je
» ne sais pas si j'ai l'air d'un matelot,
» mais je sais que je me sens bien mal à
» mon aise... Cette aventure... tout de
» suite après dîner... J'ai la charlotte
» russe sur l'estomac... Voyons, mon
» cher Blémont, ne rions pas... aidez-
» moi à sortir d'embarras... à charge de
» revanche; et ça peut arriver bientôt,
» car vous êtes aussi un terrible homme...
» la terreur des maris... Ah! Dieu! en
» avez-vous fait de ces pauvres... — Si je
» puis vous être utile, je le veux bien;
» mais je ne vois pas trop comment...
» à moins de faire croire à Montdidier
» que c'est moi qui étais dans le fiacre
» avec sa femme, mais cela ne rétabli-

» rait pas la réputation de son Hélène...
» et c'est à cela qu'il faut d'abord son-
» ger... — C'est juste... c'est à cela...
» quoique, depuis qu'elle m'a mis sa
» main dans l'œil, je n'en sois plus amou-
» reux du tout... C'est étonnant, comme
» je l'ai trouvée laide dans ce moment-
» là!.. —Elle ne vous a pas toujours paru
» laide... Elle a eu des bontés pour vous :
» il faut tâcher de les reconnaître en lui
» sauvant l'honneur. — Oui... elle a eu
» des bontés... Mais je n'en veux plus, de
» ses bontés... Oh! quand même tout
» cela s'arrangerait! c'est fini ; je le ré-
» pète... plus de femmes mariées, plus
» d'amours illicites... des demoiselles, des
» veuves...des femmes libres, à la bonne
» heure! on n'a pas toujours besoin de
» se cacher .. de prendre des détours
» et des voitures... — Ce sont toutes ces

» craintes qui donnent du piquant à ces
» sortes de bonnes fortunes. — Merci !..
» Il est gentil, le piquant...Ah ! que je me
» tire de cette aventure, et je me range...
» je deviens incorruptible près des da-
» mes... Mais pour que j'aie le temps de
» devenir vertueux, il faut que Montdi-
» dier ne me brûle pas la cervelle...
» Voyons, mon ami, cherchons... — Al-
» lez chez Giraud: vous verrez si Montdi-
» dier y est avec sa femme; d'après la mine
» qu'il vous fera, il vous sera facile de
» juger s'il vous a reconnu, et comment
» il a pris la chose. — Que j'aille m'ex-
» poser à sa fureur... à sa colère devant
» tout le monde... Vous n'y pensez pas,
» mon ami... — Un homme qui sait vivre
» ne met pas le monde dans ces sortes
» de confidences. — Je vous ai dit que
» Montdidier était un brutal... — S'il se

» croit trompé, il ne sera pas allé avec sa
» femme en soirée. — C'est vrai... mais
» pour nous en assurer, il y aurait un
» autre moyen... ce serait que vous allas-
» siez chez Giraud, vous. Si nos époux
» y sont, vous les observerez. Vous ver-
» rez tout de suite comment ils sont en-
» semble, et vous pourriez même faire
» adroitement entendre à la dame que
» vous me quittez... Hein ?.. Ah ! mon
» chez Blémont, rendez-moi ce service-là;
» allez chez Giraud. — Il faut que ce soit
» pour vous obliger, car les soirées de
» l'homme d'affaires ne sont pas très-di-
» vertissantes; et ce soir je comptais al-
» ler voir des dames fort aimables...
» Vous verrez vos dames demain... vous
» les retrouverez toujours... D'ailleurs
» ce sont peut-être des dames mariées,
» et qui sait si je ne vous sauve pas aussi

» quelque mauvaise affaire? — Il sem-
» blerait, à vous entendre, qu'on ne va
» chez les dames qu'avec des intentions
» de conquêtes!..—Oh! c'est que je vous
» connais... Allons, Blémont, sacrifiez-
» moi vos dames... songez que je suis
» entre la vie et la mort, tant que je ne
» saurai pas à quoi m'en tenir.—Puisque
» cela vous oblige, je vais aller chez Gi-
» raud... — Vous êtes vraiment un ami...
» Il est près de neuf heures. C'est le mo-
» ment où la réunion est dans son beau...
» ce soir on doit chanter, faire de la
» musique... Agissez avec prudence... et
» si nos époux y sont observez-les bien...
» — J'ai l'air d'un confident de mélo-
» drame. — Moi, je vous attendrai...
» au café au coin du boulevard...je pren-
» drai de l'eau sucrée...Si tout va bien, si
» je puis me montrer, vous aurez la bonté

» de venir me le dire. — C'est en-
» tendu. »

Nous doublons le pas. Nous arrivons
au coin de la rue Poisonnière; Bélan
ne prend la main et me la serre avec
force, en me disant : « Mon ami, je vais
» vous attendre au café là-bas en face...
» N'allez pas dire que je suis là... ne me
» nommez pas!.. — Soyez tranquille. »

Je fais quelques pas dans la rue; je me
sens arrêté par derrière : c'est encore
Bélan, qui a couru après moi et qui me
dit d'un ton pénétré : « Mon cher Blé-
» mont, que cette aventure vous fasse
» faire des réflexions... qu'elle vous cor-
» rige, comme elle me corrigera... Il faut
» nous amender, mon ami. Quant à moi,
» je jure, foi de Ferdinand Bélan! que
» la plus belle femme de Paris, si elle
» n'est pas libre... »

Je n'écoute pas la fin du sermon du petit homme; je le quitte en souriant, et je monte la rue jusque chez M. Giraud.

CHAPITRE III.

LA MAISON GIRAUD.

C'est une maison bien drôle que celle de M. Giraud; elle n'a cependant rien d'extraordinaire, car les ridicules que l'on y rencontre sont communs dans la société; mais pour que les choses soient comiques, elles n'ont jamais besoin d'être extraordinaires.

M. Giraud est un homme de quarante ans; ancien commis dans un ministère, ancien clerc de notaire, ancien receveur de la loterie; il a fait beaucoup de choses, je ne crois pas qu'il ait rien fait de bien; mais il est curieux et tatillon comme une portière, et il a de la prétention à l'esprit et au bon ton, il en a même à faire des conquêtes, quoiqu'il soit fort laid et que son haleine fasse deviner son approche à trois pas de distance... ce qui ne l'empêche pas de vous parler toujours sous le nez; manie ordinaire des gens qui ont cette infirmité.

Madame Giraud a presque l'âge de son mari. Elle n'est ni laide ni belle; mais malheureusement elle a les mêmes prétentions, s'habille toujours comme une comédienne de province, et veut surtout paraître mince, au risque de ne pas respirer.

Il y a ensuite un fils de onze ans, qui est tout le portrait de son père et joue encore avec des *petits ménages*; un autre fils de quatre ans, auquel on laisse faire tout ce qu'il veut, et qui use telle-ment de la permission qu'il n'y a pas un meuble intact dans la maison; puis enfin une petite fille de huit ans qui veut faire la maîtresse, et fouetter ses deux frères pour montrer qu'elle est déjà raisonna-ble. Joignez à cela un chien hargneux, qui aboie pendant cinq minutes après toutes les personnes qui arrivent, et une grosse chatte qui a continuellement un collier de liége et un emplâtre sur la tête, et vous connaîtrez toute la maison Gi-raud. Je ne parle pas de la domestique,

parce qu'ils en changent tous les quinze
jours.

Je ne sais si ces gens-là sont riches
(je n'ai pas l'habitude de m'informer de
ce qui ne me regarde pas), mais je ne les
crois pas aussi à leur aise qu'ils veulent
le faire croire. J'ai dans l'idée que M. Giraud, qui veut marier tous les célibataires
qu'il rencontre, prélève un droit sur les
mariages qu'il fait; et ce n'est pas, à
coup sûr, le droit du seigneur.

Je suis arrivé. Je monte au troisième
étage. J'entends des enfans crier : je reconnais la voix de mademoiselle José-
phine Giraud et celle de son frère aîné.
Il se mêle à cela les accords d'un piano
et le son d'une flûte; d'où je conclus
que la soirée est à son apogée.

J'entre dans la salle à manger. Une
bonne, que je ne connais pas, est en

train de faire des verres d'eau sucrée;
je crois qu'elle les goutte, pour s'assurer
s'ils sont bons. Le frère et la sœur se
disputent un morceau de *baba*. En ce
moment M. Giraud sort du salon, en
tenant à la main un quinquet à globe. Il
vient au devant de moi avec son quinquet.

 « C'est vous, mon cher monsieur Blé-
» mont?... Enchanté de vous voir... Ah!
» pourquoi n'êtes-vous pas venu un peu
» plus tôt?... Céran vient de chanter...
» Il était en voix... c'était prodigieux!
» Et on vient d'exécuter un morceau
» concertant, flûte et piano... Deux ama-
» teurs ! ils ont joué cela d'une force
» extraordinaire..... Ce maudit quinquet
» ne va pas... je ne sais pas ce qu'il a...
» Entrez, entrez... Nous avons beaucoup
» de monde..... On chantera encore...

» Nous avons de fort jolies femmes... Il
» y en a plusieurs à marier, mon cher...
» et de bonnes dots... Si quelquefois
» l'envie vous en prenait..... Écoutez
» donc : il faut toujours finir par là.....
» Diable de quinquet ! c'est pourtant
» une mèche neuve. »

J'entre dans le salon. Mais il est fort
difficile d'y circuler : d'abord la pièce
n'est pas grande ; ensuite les dames sont
toutes assises et forment un cercle dans
lequel personne ne s'est encore permis
de pénétrer ; en sorte qu'il faut se contenter de se faufiler derrière les chaises
de ces dames, au risque d'en déranger
quelques-unes ou en marchant sur les
pieds des hommes qui occupent ce dé-
filé. Je ne connais rien de plus ennuyeux
qu'une réunion où les dames sont ainsi
rangées comme des bordures de jardin,

ne causant point avec les hommes, et
n'étant occupées qu'à se regarder entre
elles depuis le haut de la tête jusqu'au
bout du pied, afin de chercher ce
qu'elles peuvent critiquer. Pour ajouter
à l'ennui qui règne toujours dans une
telle assemblée, le salon était fort mal
éclairé : un grand quinquet, le pendant
de celui que j'avais vu entre les mains
de Giraud, ne jetait qu'une lueur dou-
teuse, et quelques flambeaux, placés de
loin à loin sur les meubles, ne suffi-
saient pas pour remplacer la lumière
des quinquets. Tout cela joint au silence
que gardaient les dames, et aux simples
chuchotemens que se permettaient les
messieurs, donnait à la réunion quelque
chose de lugubre, de mystérieux ; on se
croyait au spectacle de Robertson pendant la fantasmagorie.

J'aperçois madame Giraud dans le dé-
filé. Elle me voit aussi, et tâche d'arriver
jusqu'à moi, en écartant quelques messieurs, et en souriant à ceux qui ne se
rangent qu'à demi afin d'avoir le plaisir
de frôler ses appas. Enfin nous nous
abordons. Comme je ne comprends rien
au ton de ces messieurs, qui parlent
tout bas, comme s'ils étaient à l'église,
je me permets de m'informer de la santé
de la maîtresse de la maison avec ma
voix ordinaire. Ce qui attire un moment
tous les regards sur moi; mais ce qui
pourtant ne produit pas un mauvais effet; car plusieurs jeunes gens, qui sans
doute n'osaient pas commencer, se mettent à causer plus librement, et cela
remplace les chuchotemens mystérieux.

« Si vous étiez venu plus tôt, » me

dit madame Giraud, « vous auriez en-
» tendu un grand morceau... Ah! c'était
» bien gentil tout à l'heure. »

J'ai envie de répondre qu'en effet ce
n'est plus du tout gentil en ce moment,
mais je m'en garde bien : dans le monde
il ne faut pas dire tout ce qu'on pense,
on y serait fort mal venu. Madame Giraud s'écrie bientôt :

« Mais où est donc M. Giraud?... Que
» fait-il avec son quinquet?... Voilà ce-
» lui-ci qui ne va plus à présent... Comme
» c'est désagréable!... Comment trouvez-
» vous cette demoiselle contre la che-
» minée?... Quarante-cinq mille francs
» comptant, et des espérances. Ce n'est
» pas à dédaigner. Vous l'entendrez tout
» à l'heure : elle doit chanter de l'ita-
» lien. Ah! que M. Giraud me fait faire
» de mauvais sang!... »

Enfin M. Giraud reparaît, tenant, d'un air fier, le quinquet qui répand une vive lumière. Il le pose sur un meuble en disant : « Il va aller, maintenant... » Ce n'était que peu de chose à arran- » ger...

» Vous allez en faire autant à l'autre, » dit madame Giraud, « car vous voyez » qu'il ne va plus... — Ah! c'est vrai... » Eh bien ! je vais lui en faire autant... »

Madame Giraud arrête son mari qui va pour chercher l'autre quinquet, et lui dit tout bas, mais pas assez pour que je ne puissse l'entendre : « Concevez- » vous ce Dufloc, qui ne veut pas chan- » ter?... — Bah! vraiment?..... — Il dit » qu'il est enrhumé. — C'est par mé- » chanceté... C'est parce que nous ne l'a- » vons pas invité à dîner. — Il faut » pourtant faire faire quelque chose...

» Ça n'est pas animé. — Il faut faire dan-
» ser tout de suite... — Non, monsieur,
» il est trop tôt... — Alors tâche de faire
» chanter Montausol et sa femme..... ou
» bien mademoiselle Dupuis... Arrange
» ça pendant que je vais arranger le
» quinquet. »

Les époux se séparent ; et moi, pro-
fitant de la clarté qui est revenue, je
songe à remplir le but de ma mission, et
je passe en revue la société pour y
chercher Montdidier et sa chaste épouse.

Il y a en effet de fort jolies femmes
dans ce salon, et elles le seraient encore
plus si, au lieu de ces bâillemens qu'elles
s'efforcent de comprimer, leur physionomie était animée par le plaisir. En
voilà une surtout contre le piano... Ce
doit être une demoiselle... Elle est charmante.... il y a de la douceur et de l'es-

prit dans sa figure : ce sont deux choses que l'on rencontre rarement sur
la même physionomie. De beaux cheveux blonds... pas trop clairs... des yeux
bleus pas trop ouverts... une jolie bouche... une peau très-blanche, des couleurs légères, et de la grâce dans la tenue,
dans la coiffure... il me semble qu'il y
en a dans toutes les boucles de ses cheveux... Elle n'a pas l'air de s'ennuyer...
cela dénote beaucoup d'usage du monde.

Les beaux yeux de cette jeune personne me font oublier Bélan et sa com-
mission. Ah! j'aperçois là-bas madame
Montdidier... Elle cause, elle rit avec sa
voisine. Il me semble que c'est bon signe :
si elle avait eu quelque scène avec son
mari, je pense qu'elle ne serait pas aussi
gaie maintenant. Il est vrai que dans le
monde on sait si bien se contrefaire !...

Cherchons le mari : un homme est moins habile à cacher ce qu'il éprouve. Celui même qui n'est pas amoureux de sa femme sent son amour-propre blessé quand il a la certitude d'être trompé. Cela doit se voir sur la figure quand c'est aussi récent. Ces pauvres maris !... comme nous en rions tant que nous sommes garçons !... Après tout, j'espère bien rire de même quand je serai marié... D'abord je me flatte que j'aurai une épouse sage : il faut toujours se flatter de cela ; et puis... si enfin... Eh ! mon Dieu ! est-ce donc une chose si terrible ? Je me rappellerai les deux vers de La Fontaine :

> Quand on le sait, c'est peu de chose ;
> Quand on l'ignore, ce n'est rien.

Je n'aperçois pas Montdidier dans ce

3*

salon. Il est peut-être dans la chambre
à coucher, où je pense qu'on fait l'é-
carté. Je voudrais y aller; mais cela n'est
pas facile... Est-ce que personne ne se
décidera à rompre le cercle que forment
ces dames?... J'en saisirai la première
occasion.

Le chien aboie : cela annonce de
nouveaux venus. Ce chien-là remplit
parfaitement les fonctions d'un laquais.
Ce sont des dames. Tant mieux; il fau-
dra ouvrir le cercle pour l'agrandir.
C'est ce qui arrive en effet; et, dès que
je vois une ouverture, j'y passe. Un
jeune homme, qui n'est pas fâché de
se rapprocher de certaine dame, en fait
autant que moi; puis un autre, puis un
autre... Toujours les moutons de Pa-
nurge! Décidément le cercle est rompu.
On se mêle, on se rapproche, on peut

circuler... C'est pourtant à moi que l'on doit cela ! J'ai fait une révolution dans le salon de Giraud. Celle-la, du moins, ne causera la mort de personne.

Je me suis involontairement rapproché de cette jolie personne que j'avais admirée de loin. Elle me semble encore mieux de près. J'oublie que Bélan attend devant un verre d'eau sucrée que je lui apporte la vie ou la mort. Il m'en coûte pour quitter la place où je suis.

Mais le piano résonne : on va chanter. Il me semble que je puis bien rester pour entendre le morceau. C'est le couple Montausol qui va nous donner un duo. Ce doit être un ménage bien uni ! Ces gens-là ne chantent jamais l'un sans l'autre. Figurez-vous un homme de petite taille, mais d'un embonpoint énorme, dont les joues violettes sem-

blent vouloir crever lorsqu'il respire,
et qui, par conséquent, est effrayant
lorsqu'il pousse une voix de Stentor
qui a la vibration d'une contre-basse.
Sa femme est aussi fort petite, et pour
le moins aussi grosse que son époux;
elle a l'air de beaucoup souffrir pour
tirer de sa poitrine des accens vinaigrés
qui percent le tympan. Le couple a la
fureur des grands morceaux : c'est du
grand opéra dont on va nous régaler.
Une dame tient le piano. Le mari regarde sa femme, en soufflant comme
un bœuf, pendant la ritournelle; la
femme regarde son mari, en élevant
une de ses mains pour marquer la mesure. Chacun d'eux a l'air de dire à
l'autre : « Allons, ferme! enlevons ça!
» étourdissons-les! »

Le récitatif commence : à la troisième

mesure, la société ne sait déjà plus où
elle en est. Le mari et la femme se
renvoient leur réplique, comme deux
joueurs de paume qui lancent la balle
de toute leur force. Quand l'un des deux
se trompe ou retarde dans la mesure,
l'autre lui lance des regards furibonds
et fait aller tout son corps pour re-
mettre le duo au pas.

N'ayant pas assez d'empire sur moi-
même pour regarder tranquillement les
chanteurs, je porte mes yeux sur cette
demoiselle qui est près de moi : c'est le
meilleur moyen d'oublier la musique.
Elle ne rit pas ; mais je crois m'apercevoir qu'elle mord légèrement ses lèvres. Le fait est qu'on est quelquefois
bien embarrassé dans un salon pour
garder son sérieux. Elle a levé les yeux
de mon côté ; elle semble plus embar-

rassée que tout à l'heure... elle détourne
la tête... C'est peut-être moi dont l'attention à la regarder lui aura déplu :
peut-être était-il inconvenant de la regarder aussi fixement... Je n'y songeais
pas... Je le faisais non pas pour qu'elle
me remarquât, mais parce que j'avais
du plaisir à la voir. Je me hâte de
porter mes yeux d'un autre côté, de
m'occuper de la musique. Ce malheureux duo n'en finit pas. Le mari et la
femme suent à grosses gouttes. On de-
vrait leur faire comme à ces faiseurs de
tours de force auxquels on crie d'arrêter lorsque leurs exercices deviennent
trop effrayans.

Je m'amuse à considérer nos mélo-
manes, lorsque tout à coup la lumière
baisse, Montausol se penche sur la musique, et dans ses momens de *tacet* crie

avec impatience : « Mouchez donc, mou-
» chez donc : nous n'y voyons plus. »

Mais l'obscurité ne vient pas des chandelles. C'est le quinquet rarrangé par
Giraud qui vient de perdre toute sa
clarté. Madame Giraud se hâte d'appeler
son mari, qui est encore occupé à l'autre quinquet. Giraud arrive avec de
grands ciseaux à la main, en s'écriant :
« Je n'y conçois rien..... ça ne peut pas
» être l'huile... elle est nouvelle.

» Papa, dit la petite fille, j'ai vu mon
» frère Alexandre fourrer hier de petits
» bons hommes de plomb dans le quin-
» quet. — Ah ! parbleu !..... si ce petit
» drôle a joué avec les quinquets, je ne
» m'étonne plus qu'ils n'aillent pas. Ma
» femme le laisse toucher à tout !..,..
» Quelque jour il bouleversera mon bu-
» reau.

» Il m'est impossible de gronder mes » enfans, » dit madame Giraud aux personnes qui l'entourent. « Dès qu'ils ont » l'air d'avoir du chagrin, je suis prête » à me trouver mal..... Et puis ce petit » Alexandre est si gentil !... si aimable !...»

La maman est interrompue par un grand bruit qui part de l'antichambre; le chien aboie, et la petite fille se présente à la porte du salon en criant : « C'est mon petit frère qui vient de renverser le plateau avec les verres qui » étaient dessus. »

Cet accident met toute la maison en l'air : la maman court à ses verres cassés; le papa quitte ses quinquets pour tâcher d'attraper son fils; et le petit Alexandre court dans les jambes de chacun, et se fourre enfin sous un sopha, en tirant la langue à son père.

Le duo a fini au milieu de ce brouha-
ha, et l'on avait même cessé de s'occuper
des chanteurs que ceux-ci chantaient
encore. Aussi les Montausol quittent-ils
le piano d'un air de mauvaise humeur;
ils viennent s'asseoir derrière moi, en
se disant : « Ils ne m'y reprendront pas
» à chanter chez eux !... — Je l'espère
» bien... Ces gens-là ne comprennent pas
» la bonne musique... — Non... il leur
» faudrait des *Pont-Neuf!*... Nous nous
» en irons après le punch. — Oui, si on
» en donne. »

J'ai quitté le salon. J'entre dans la
chambre à coucher. J'aperçois Montdidier causant avec quelques personnes.
Je ne vois rien d'extraordinaire dans sa
physionomie; cependant il parle avec
feu. Je m'approche d'un air d'indiffé-
rence. D'ailleurs je puis bien écouter

comme les autres ; il n'y met pas de mys-
tère.

  « Oui, messieurs, dit Montdidier, je
» suis arrivé là au moment où la voiture
» versait... Ma femme revenait de chez
» sa tante, et se faisait conduire ici.....
» Mais celui qui a eu le plus peur, c'est
» ce pauvre Bélan... Il passait, à ce qu'il
» paraît, tout contre le fiacre, lorsque la
» roue de derrière s'est détachée..... En
» voyant la voiture pencher de son côté,
» il s'est cru mort, pulvérisé ; et comme
» la glace de la portière était ouverte, il
» a sauté par là dans l'intérieur du fiacre
» pour ne pas être écrasé. Vous savez
» qu'il est fort petit... Ma femme m'a dit
» qu'il était entré là dedans avec l'agilité
» d'un singe. Ensuite, voyant que la voi-
» ture ne bougeait plus, il a ouvert la
» portière et s'est sauvé. Ma femme est

» même persuadée que dans son trouble
» il ne l'a pas reconnue : et c'est proba-
» ble, sans quoi il lui aurait au moins
» donné la main pour descendre du fia-
» cre... Ah! ah! ah!... ce pauvre Bélan !
» je rirai bien quand je le verrai! »

Et monsieur Montdidier se met à rire
de nouveau, ses auditeurs en font autant : je les imite de bon cœur; dans le
fait, c'était moi qui devais rire le plus.
Aussi Montdidier, qui s'aperçoit que je
m'en donne largement, vient-il me frapper sur l'épaule, en me disant : « Vous
» avez entendu l'aventure de ma femme?
» — Oui. — Et sa rencontre avec Bélan...
» n'est-ce pas que c'est fort drôle? —
» C'est extrêmement drôle!... — Je don-
» nerais un napoléon pour que Bélan vînt
» ici ce soir afin de m'amuser un peu à
» ses dépens. »

Je ne réponds rien, mais je m'éclipse dans la foule afin de procurer à ce pauvre mari le plaisir qu'il souhaite. Il me semble qu'il est bien juste qu'il en ait aussi un peu.

Je suis sorti sans être remarqué. Je cours au café où m'attend l'amant inquiet; je le trouve devant son troisième verre d'eau sucrée, la figure pâle, défaite, n'augurant rien de bon de ma longue absence. Je me hâte de le rassurer, et lui conte en riant ce que je viens d'apprendre.

Pendant que je parle, les traits de Bélan reprennent toute leur sérénité. Je n'ai pas fini qu'il se penche sur la table, et se tient le ventre en riant aux éclats.

« C'est charmant !... c'est délicieux !...

» Assez, Blémont, assez... Vous me faites

» mourir de rire... J'ai sauté par le carreau

» de la portière... Oh ! les femmes ! ont-
» elles des idées..... des inventions pour
» tous les événemens !... J'étais un fou de
» m'inquiéter. — C'est ce que je vous
» disais il y a une heure, mais alors vous
» n'étiez pas en état de m'entendre. —
» Oui, j'en conviens, j'était tourmenté,
» pas pour moi, mais pour elle... C'est
» arrangé; n'y pensons plus que pour en
» rire...Garçon, prenez trois verres d'eau.
» Il me tarde d'être chez Giraud... Est-ce
» brillant? y a-t-il beaucoup de monde?
» — Ce n'est pas absolument brillant,
» mais il y a beaucoup de monde, et j'ai
» remarqué de fort jolies femmes. — De
» jolies femmes... Voyons que je rar-
» range ma cravate..... — Mais vous
» savez, Bélan, que cette aventure doit
» vous corriger; que vous avez juré de
» n'en plus conter aux dames. — Je n'ai

» pas dit à toutes... Celles qui sont libres
» n'étaient pas comprises dans mon ser-
» ment... Et puis... ma foi !... on dit cela
» dans le premier moment... Allons chez
» Giraud... je chanterai... Je sais une
» romance nouvelle... Vous les engage-
» rez à me prier de chanter, n'est-ce
» pas ? — Il paraît que décidément vous
» voulez que je sois votre compère. »

Bélan ne me répond qu'en faisant une
pirouette, il est d'une gaîté folle. Nous
nous acheminons chez Girard ; je l'engage à n'entrer que quelques minutes
après moi, je ne veux pas avoir l'air
d'être allé le chercher, et je tâcherai de
rentrer incognito, comme je suis sorti.

Je trouve dans l'antichambre Giraud
qui regarde d'un air consterné ses deux
quinquets, qui sont sur le point de s'é-
teindre. Il ne voit pas que je viens du

dehors, il est tout entier à ses mèches, et il me dit en m'en présentant une :

« C'est incompréhensible.... Vous êtes
» témoin que je vais mettre des mèches
» neuves... nous verrons si elles char-
» bonnent encore. — Oui, je vois que
» vous vous donnez beaucoup de mal
» pour nous amuser. — Oh! quand une
» fois ils iront bien!...., Théodore.....,
» M. Théodore, voulez-vous bien ne pas
» toucher aux gâteaux... Un grand gar-
» çon de votre âge... il est plus gourmand
» que son petit frère...—Papa, laisse-moi
» en prendre un ; c'est pour faire *la*
» *dinette.* — Faire la *dinette* à onze ans!...,
» et tu n'es pas honteux!... Ne touche
» pas à la brioche au moins... Mais ça ne
» va pas là dedans?... Ma femme ne sait
» pas animer sa réunion?... Nos chan-
» teurs ont des rhumes!... il faudrait

» faire danser... M. Blémont, vous seriez
» bien aimable d'aller mettre cela en
» train. — Vous savez bien que je ne
» touche pas du piano, moi? — Non,
» mais vous direz à ma femme qu'elle
» prie quelqu'un de jouer une contre-
» danse... Nous ne manquons pas de
» musiciens. — Avant de faire votre com-
» mission, dites-moi donc quelle est cette
» jolie personne en rose qui était assise
» contre le piano? — En rose... devant
» le piano... avec des épis d'or dans les
» cheveux? — Non, elle n'a pas d'or dans
» ses cheveux... une blonde un peu
» pâle... fort jolie... — Blonde... jolie...
» C'est que nous en avons plusieurs en
» rose... Ecoutez: quand j'aurai fini mes
» quadrilles, vous me la montrerez. »

Je vois qu'il n'y a rien à tirer de
M. Giraud en ce moment; je rentre au

salon. Un monsieur s'est placé au piano,
mais ce n'est pas pour faire danser;
c'est pour chanter, pour préluder, pour
jouer des passages des morceaux qu'il
se rappelle. Il a à côté de lui un ami
qui, lorsqu'il a fini un fragment d'air
ou de morceau, lui en demande sur le
champ un autre, en lui disant : « Et cet
» air de *Tancrède*... Et la romance d'O-
» *thello*... Et ce joli endroit dans l'ou-
» verture de la *Semiramide*... — Ah !
» oui... — Tâche donc de te rappeler un
» peu cela. »

Et le monsieur joue, commence,
s'arrête, reprend autre chose; il fait enfin
comme s'il était chez lui : on comprend
comme c'est amusant pour la société.
Il y a long-temps que cela dure, et ce
monsieur n'a pas l'air de vouloir en
finir : il semble que le piano ait été mis

là pour lui, et que nous sommes trop
heureux d'entendre les petits préludes,
les traits, les roulades et tout ce que
ses souvenirs lui rappellent. J'ai rencontré dans le monde beaucoup d'ori-
ginaux comme ce monsieur-là.

Bélan est depuis long-tems dans le
salon; il y était entré avant moi. Je le
vois causer et rire avec Montdidier : je
devine le sujet de leur conversation.
Madame Montdidier regarde Bélan avec
inquiétude, elle ne sait pas qu'il est pré-
venu de ce qu'il doit dire : mais elle se
rassure en voyant que ces messieurs
paraissent fort bien d'accord. Dans tout
cela ce pauvre Montdidier ne me fait
pas l'effet d'être aussi méchant, aussi jaloux que sa femme le prétend. Ces dames aiment à dire que l'on est très-jaloux
d'elles, cela flatte leur amour-propre;

et puis il n'y aurait plus de malice à tromper les gens auxquels cela serait égal.

Madame Giraud se donne en vain du mouvement pour trouver un chanteur ou une chanteuse : chaque virtuose a quelque motif pour refuser. Cela contrarie la maitresse de la maison qui tenait à pouvoir dire qu'elle avait eu concert avant le bal, et qui s'aperçoit que chacun fait son possible pour ne pas entendre les *essais* du monsieur qui est au piano; elle se décide pourtant à dire à celui-ci que l'on désire une contre-danse, et le monsieur quitte nonchalamment le piano, en passant ses mains dans ses cheveux et en fredonnant encore un fragment de *Rossini*.

Je vais inviter cette demoiselle que je trouve si bien: non que j'aie l'intention de lui faire une déclaration pendant la contre-danse. Ces choses-là ne se font que dans un bal public, ou tout au plus à une noce chez un traiteur; mais je tâcherai de causer un peu, si toutefois elle se montre d'une humeur causeuse. Il y a beaucoup de demoiselles avec lesquelles il est impossible d'obtenir plus de trois mots de suite quand elles dansent.

Je suis arrivé à temps, on m'a accepté: nous dansons. J'essaie de dire autre chose que : « Il fait bien chaud, ou cette » contre-danse est très-jolie. » C'est vraiment difficile de trouver tout de suite quelque chose à dire à quelqu'un qu'on ne connaît pas, surtout quand on voudrait sortir des lieux communs.

Mais Giraud revient avec ses deux quinquets qui sont resplendissants de lumières. Voilà un sujet de conversation.

« Nous avions besoin de cela... il n'y
» a rien de triste comme un bal mal
» éclairé; n'est-ce pas, mademoiselle?—
» C'est vrai, monsieur. — Il y a cependant
» ici quelques dames qui pouvaient pré-
» férer le demi-jour. » — (Elle se contente
de sourire.) « — Vous n'avez pas chanté,
» mademoiselle ? — Pardonnez-moi,
» monsieur : j'ai chanté une romance.
» — C'est donc avant que je sois venu...
» Cela me fait bien regretter d'être arrivé
» tard. — Vous n'avez pas perdu beau-
» coup, monsieur. — Ce n'est pas vous
» que je puis croire pour cela ; mais si...
» Ah! c'est à vous. »

La *poule* interrompt notre conversation : c'est contrariant, cela allait peut-
être s'engager.

Après la *figure*, j'essaie de renouer

l'entretien. « Est-ce que vous ne chan-
» terez plus, mademoiselle? — J'espère
» bien que non: j'ai payé ma dette, cela
» suffit. — Vous n'aimez pas à faire de
» la musique? — Si, je l'aime, mais avec
» des personnes de connaissance, Je ne
» vois aucune nécessité d'amuser des
» gens que l'on n'a jamais vus, et qui
» souvent ne vous écoutent que par com-
» plaisance. — Vous jugez déjà le monde
» avec.... »

Allons! il faut faire la *trénis* maintenant. Puis la dernière figure arrive, et
la contredanse est finie. N'importe : j'ai
pu juger que cette jeune personne n'est
pas sotte. Elle n'en dira peut-ètre pas
autant de moi.

Je saisis Giraud, au moment où il va
donner un coup de pouce à ses quinquets, qui baissent déjà.

« Vous m'avez vu danser avec cette
» demoiselle qui est en face de nous... —
» Oui. — Eh bien! c'est sur ma danseuse
» que je vous questionnais tout à l'heure...
» — Ah! c'est mademoiselle Eugénie
» Dumeillan. — Qu'est-ce que c'est que
» mademoiselle Dumeillan? — C'est la
» fille de madame Dumeillan qui est
» assise contre elle. — Mon cher M. Gi-
» raud, je pense bien que cette demoi-
» selle est la fille de sa mère et de son
» père; mais en vous demandant qui
» c'est, cela veut dire: quels sont ces gens-
» là?... que font-ils?... enfin c'est pour
» avoir d'autres informations. Comment!
» vous, qui êtes l'homme aux renseigne-
» mens, vous ne sentez pas cela? — Si
» fait, si fait... Mais c'est que celle-ci
» n'est pas sur ma liste pour se marier...
» Cependant elle est à marier aussi;

» mais on n'y pense pas encore ; tandis
» que cette grande brune là-bas... en
» turban... mon cher, on a cent mille
» francs comptant... Hein... c'est gentil
» ça?.. Ah! si je n'étais pas marié, moi!..
» Ma femme, fais attention à ton fils
» Alexandre : il va renverser le cabaret,
» et toutes les tasses y passeront....
» comme les verres à pates !

» Mon cher M. Giraud, je m'inquiète
» fort peu du montant de la dot de cette
» grande brune. Vous ne pouvez donc
» pas m'en dire plus sur ces dames en
» face ? — Pardonnez-moi. La mère est
» veuve ; M. Dumeillan était sous-chef...
» je ne sais plus à quel ministère ; mais
» enfin il était sous-chef ; il a laissé , je
» crois, quatre ou cinq mille francs de
» rente à sa veuve... Mademoiselle Eu-
» génie a reçu une très-bonne éducation;

» elle est excellente musicienne; elle aura
» aussi quelque chose que lui a laissé
» une tante... je ne sais pas au juste...
» mais je pourrai m'informer... Ce ne
» sera pas un mauvais parti : elle est fille
» unique... Voulez-vous que je parle en
» votre nom ?

» N'allez pas me jouer ce tour-là !..
» Qui diable vous dit que je veux me
» marier?.. est-ce qu'on ne peut pas cau-
» ser d'une demoiselle sans songer à
» l'épouser ? — Je ne dis pas... mais
» comme il faut toujours en venir là...

» — Papa, voilà mon frère Théodore
» qui fourre des quartiers d'orange su-
» crés dans sa poche. »

C'est mademoiselle Giraud qui est
venue faire cette annonce : Giraud me
quitte pour aller souffleter son fils aîné.
Bélan s'approche alors de moi.

4*

« Vous n'avez donc pas dit à Giraud
» de me prier de chanter, puisqu'il ne
» m'en parle pas? — Eh! mon Dieu!
» Bélan, laissez-nous donc tranquille avec
» votre chant! on en a bien assez!... on
» aime mieux danser. — C'est qu'on ne
» m'a pas entendu... je sais bien que j'au-
» rais fait plaisir... j'avais appris un air
» exprès... Ah! vous ne savez pas... Hélène
» qui me bat froid... mais très-froid!.. elle
» trouve mauvais que je me sois sauvé si
» brusquement en voyant son mari.. A-t-
» on idée de ça?... Est-ce que je pouvais
» deviner qu'elle trouverait tout de suite
» une histoire!.. Au reste, qu'elle soit
» fâchée si elle veut... ça m'est bien égal...
» je ne m'en soucie plus du tout... je la
» vois toujours me mettant son poing
» dans l'œil quand nous avons versé...
» Elle n'était pas jolie alors.... J'ai des

» vues sur cette petite femme en noir...
» là-bas... voyez-vous?... bonne grosse
» mère!.. un regard brûlant...ça promet...
» — Mais elle est mariée... son mari est
» à l'écarté... il est receveur de l'enre-
» gistrement. — Eh ben! tant mieux!...
» nous lui en ferons voir de toutes les
» couleurs, au receveur. »

On danse de nouveau : cette fois c'est
mademoiselle Eugénie qui tient le piano.
Elle joue avec beaucoup d'aplomb et de
gout. J'éprouve des regrets en songeant
que je ne suis pas musicien ; j'ai préféré
la peinture... C'est un art charmant que
la peinture, mais il ne procure pas les
mêmes avantages dans le monde que la
musique. Dans un salon on négligera le
peintre pour fêter, pour choyer le
musicien : à la vérité, on ne songe pas
toujours à danser et à chanter.

« Le quadrille n'est qu'à moitié lorsque les deux quinquets s'éteignent de nouveau. On fait les dernières figures dans un demi-jour ou plutôt dans une demi-nuit. Tout le monde rit, tandis que madame Giraud gronde son mari et que celui-ci s'écrie : « Ma foi ! j'y renonce !..
» J'y perds mon latin. Théodore, dites à
» la bonne d'apporter des flambeaux en
» plus grande quantité. »

Théodore sort du salon, mais c'est pour aller visiter le buffet de la salle à manger. Une troisième contredanse s'organise sans qu'on voie plus clair ; elle commence accompagnée par les cris de madame Giraud, qui demande toujours un supplément de lumière ; les plaintes de Giraud qui fait inutilement monter et descendre les mèches de ses quinquets ; les piaillemens des trois en-

fans qui se disputent les gâteaux, et les
aboiemens du chien, qui reconduit en
japant toutes les personnes qui s'en
vont.

Bélan, qui danse en face de *la bonne
grosse mère*, s'inquiète peu du bruit
et ne songe qu'à perler sa danse;
mais le clair obscur qui règne dans le
salon ne lui permet pas de voir un quartier d'orange que M. Théodore a laissé
tomber de sa poche; en voulant faire des
pas *glissés*, Bélan glisse réellement et
tombe dans les jambes de son vis-à-vis.
Les dames poussent des cris d'effroi.
Bélan se relève en se tenant le côté et en
jurant qu'il ne serait point tombé s'il
n'avait pas marché sur quelque chose.
La petite Giraud ramasse le quartier
d'orange écrasé, en s'écriant : « C'est
» mon frère qui a jeté ça par terre. » Et

le papa sort du salon en jurant à Bélan que son fils sera châtié quand tout le monde sera parti.

Cette contredanse est la dernière : les chandelles menacent d'en faire autant que les quinquets, et les danseurs craignent de rencontrer des quartiers d'orange en balançant avec leurs dames.

On s'en va. Mademoiselle Dumeillan part avec sa mère, je descends en même tems que ces dames. J'offre ma main à la maman, tout en ne regardant que la fille; j'aide ces dames à monter dans un fiacre et je les salue... Cela ne pouvait pas aller plus loin... pour une première rencontre.

J'entends rire et fredonner derrière moi. C'est Bélan qui suit la dame en noir et son mari, et me dit à l'oreille en passant : « Je la suis... Ça va bien...

» Ça prend... Quant à la Mondidier, c'est
» fini, c'est rompu... nous sommes en-
» nemis jurés. Adieu... je poursuis ma
» conquête. »

L'instant d'après, je vois Montdidier
et sa femme qui passent, accompagnés
par un grand blondin qui, toute la
soirée, est resté derrière la chaise de
madame.

Je souris en pensant aux projets de
sagesse de Bélan, et je ne puis m'empêcher de m'écrier : « Oh ! les hommes ! Oh !
» les femmes ! »

CHAPITRE IV.

―――

DEUX VRAIS AMANS.

―――

Je loge rue Meslay, dans une grande maison où il y a des logemens pour toutes les fortunes, et même pour ceux qui n'ont pas de fortune, où par conséquent celui qui veille pour gagner sa vie monte le même escalier que celui qui veille pour se divertir : il monte seulement beaucoup plus haut. Mais sous les mansardes il y a aussi des plaisirs, de l'amour et des minois fort séduisans. Celui qui sait les y recontrer ne s'effraie pas de monter un peu haut.

Je sais qu'il y a dans le haut de ma maison (c'est-à-dire de la maison où je loge) des petites chambres lambrissées, mal closes, mal fermées, où il fume, où l'on gèle l'hiver, où les rats et les souris viennent chaque nuit vous rendre visite, et que cependant le propriétaire loue le plus cher qu'il peut; encore n'y admet-il pas tout le monde et ne veut-il que des personnes *tranquilles*.

Je ne suis pas allé visiter ces petites chambres. Ce n'est pas faute d'envie cependant, car j'ai rencontré plusieurs fois,

sur mon escalier une jeune fille fort
jolie; qui, je le sais, habite une des plus
modestes chambres du cinquième. Elle
n'a pas l'air commun d'une ouvrière,
elle n'a pas non plus l'air éveillé d'une
grisette; et cependant c'est bien à peu
près cela, car elle travaille pour vivre.
Elle fait du feston, à ce que m'ont dit les
portiers, et raccommode du linge quand
on veut bien lui en donner. Mais elle a
l'air si jeune encore, que cela inspire
peu de confiance aux personnes chez
lesquelles elle va demander de l'ouvrage;
et pourtant on peut être tout aussi honnête à seize ans qu'à quarante. La pro-
bité est dans le sang; quand il faut
l'attendre du temps et de l'expérience,
on n'en a jamais une bien solide.

Ce n'est pas sans peine que la petite
Marguerite a pu obtenir une chambre

dans la maison. Le propriétaire la trouvait trop jeune, il ne voulait pas lui louer : il s'étonnait qu'elle se mît de si bonne heure dans sa chambre. Mais la petite avait un certain air de candeur qui a désarmé la sévérité du propriétaire; elle a juré qu'elle était bien tranquille, ne faisait pas de bruit, ne rentrait jamais tard, et on lui a loué une chambre de cent trente francs par an. Il faut encore faire beaucoup de feston pour gagner cela.

Malgré son petit air de candeur, mademoiselle Marguerite a un amant; mais quand on n'en a qu'un, qu'on ne reçoit que lui, qu'on ne sort qu'avec lui, il est permis de se dire tranquille et même honnête. L'honnêteté ne consiste pas spécialement dans l'innocence. J'ai eu une bonne qui était vierge, et qui me volait mes cravates.

J'ignorais tous ces détails, lorsque j'ai rencontré pour la première fois la jeune fille sur l'escalier. En voyant ces traits mignons qui annoncent à peine quinze ans, ces grands yeux bleu-clair, cette petite bouche, cette petite taille, ces petits pieds (car, hors les yeux, mademoiselle Marguerite me semble avoir tout petit), j'ai fait le joli cœur, c'est-à-dire que j'ai beaucoup regardé la jeune fille, et que j'ai tâché de m'en faire regarder; mais on n'a pas fait attention à mes œillades, et on a descendu lestement l'escalier. Une autre fois j'ai hasardé quelques mots, quelques complimens; on n'y a pas répondu: alors j'ai cessé de la lorgner et de lui parler, car je ne suis pas entété, et je crois que pour plaire il faut plaire tout de suite. Une fois, cependant, mademoiselle

Marguerite est venue sonner chez moi ;
en la voyant me rendre visite je ne savais trop que penser : mais la jeune
fille, qui avait les yeux gros de larmes
et poussait de grands soupirs, ne pen-
sait nullement à l'inconvenance de sa
démarche. Elle venait me demander si
j'avais vu son chat qui était perdu depuis
le matin ; en apprenant que je n'avais
pas aperçu son pauvre *Moquette*, elle
partit comme un trait, sans écouter les
consolations que je voulais lui prodi-
guer.

Alors je me dis : Cette jeune fille est
sage ; car je trouve que c'est être sage
que d'être fidèle à son amant. Je causai
un peu de cette petite avec mes portiers, et ce que j'appris me confirma
dans mes idées.

« Oui, c'est fort tranquille, » me dit

ma portière, « excepté quand elle court
» après son chat, avec lequel elle joue
» comme si elle n'avait que cinq ans.....
» Mais au fait c'est encore si jeune... Ça
» vous a cependant un bon ami....., qui
» est presque aussi jeune qu'elle... Ben
» gentil aussi... Par exemple, c'est pauvre
» comme Job!... Une chambre dans la-
» quelle il n'y a qu'un lit... et quel lit!...
» Quatre morceaux de bois qui se dé-
» montent dès qu'on y touche!... Un
» petit buffet qui vaut bien quinze sous,
» quatre chaises, un pot pour fontaine
» et un petit miroir de trois francs, al-
» lez, marchez avec ça!... Voilà ce que
» mademoiselle Marguerite appelle son
» ménage!... Mais enfin ça paie son terme;
» il n'y a rien à dire.

— Son amant est sans doute un ou-
» vrier, un apprenti?—Non pas vraiment!

» c'est un muscadin !... un jeune *mon-*
» *sieur* enfin : mais apparemment qu'il
» la trouve assez bien meublée comme
» ça ou qu'il ne peut pas faire mieux !...
» Et je vous réponds que la petite mange
» plus souvent des pommes de terre qu'au-
» tre chose. Mais pourvu qu'elle voie son
» Ernest et qu'elle joue avec son chat, elle
» se trouve heureuse comme une reine. »

Depuis que je savais tout cela, je ne re-
gardais plus la jeune fille qu'avec intérêt. Quelque temps après, cet intérêt aug-
menta encore. J'entendis, sans le chercher, une conversation entre mademoiselle Marguerite et un vieux comte qui demeure sur le même carré que moi. M. le
comte est un vieux libertin ; il n'y a rien
d'extraordinaire à cela ; nous le sommes
tous, plus ou moins. Il lorgnait aussi notre
jeune voisine, et un certain jour que

j'allais sortir, et que ma porte était en-
trebaillée, le dialogue suivant vint frapper mes oreilles.

« Écoutez donc!... écoutez donc jolie
» espiègle! on a deux mots à vous dire.
» — Qu'est-ce que c'est, Monsieur? —
» D'abord que vous êtes un petit cœur...
» — Ah! si ce n'est que cela... — Écou-
» tez donc... ma chère amie, je veux faire
» votre bonheur.... — Mon bonheur?...
» mais je suis bien heureuse, Monsieur.
» — On n'est pas heureuse quand on
» demeure sur les toits, dans une mau-
» vaise chambre mal meublée. Moi, je
» veux vous donner un joli appartément...
» et de l'argent pour vous acheter tout
» ce qui vous fera plaisir... — Comment,
» Monsieur! pour qui me prenez-vous?...
» — Allons, mademoiselle Marguerite,
» ne faites pas la Lucrèce; quand on

» un amant, qu'on vit avec un jeune
» homme, on ne doit pas se montrer si
» sévère. — Parce que j'ai un amant,
» Monsieur, est-ce une raison pour que
» j'écoute de pareilles choses ? — Votre
» petit freluquet d'amoureux ne vous
» donne rien, et vous plantera là au
» premier jour; moi, je m'engage à vous
» faire une pension, et, si vous vous
» conduisez bien, je... — Monsieur, je
» vous prie de vous taire, et surtout de
» ne plus me parler; prenez garde que
» je me dise à Ernest que vous l'avez ap-
» pelé freluquet, et que vous m'avez
» tenu de tels discours... Ah! c'est qu'il
» vous arrangerait bien, lui... — Qu'est-
» ce que c'est... petite insolente! petite
» impertinente! — Hom! le vieux fou!... »

　Là-dessus la jeune fille monta lestement l'escalier; M. le comte rentra chez

lui en grommelant; et moi, je me dis :
Elle aime véritablement son Ernest,
puisqu'elle préfère la misère avec lui à
l'aisance avec un autre ; et je fus presque honteux de lui avoir dit quelques
douceurs, car, sans pratiquer la cons-
tance, on peut rendre hommage à la fi-
délité.

J'étais curieux de voir son amant ;
mais probablement il venait de très-bon
matin, et s'en allait fort tard ou ne s'en
allait pas du tout. Un jour, cependant,
je le rencontrai ; et je fus surpris de le
connaître : je m'étais trouvé plusieurs
fois avec lui en société. C'est un jeune
homme de très-bonne famille ; il n'a
guère que vingt ans ; il est joli garçon ;
mais il a la manie de travailler pour le
théâtre, et n'a encore pu faire jouer
que quelques petites pièces aux boule-

vards. Ses parens n'approuvent point son penchant dramatique, et veulent le faire entrer dans une administration; mais il trouve toujours moyen d'arriver quand la place est prise; et ses parens, qui ne sont pas contens de lui, ne lui donnent que très-peu d'argent pour ses menus plaisirs. Pauvre jeune homme!... je conçois que sa petite maîtresse mange plus souvent des pommes de terre que des cailles.

Je ne le connaissais que sous son nom de famille; j'ignorais qu'il se nommât Ernest. En me rencontrant dans l'escalier, il a souri, et nous nous sommes salués. Je ne cherche point à l'arrêter : il monte toujours si vite!... Je conçois qu'il est plus pressé d'être là haut avec elle, que de causer avec moi.

Il y avait long-temps que je n'avais

aperçu la petite Marguerite et son jeune
amant; en revenant de la soirée donnée
par Giraud, je remarque beaucoup de
mouvement chez mes portiers; le mari
et la femme sont encore levés : cependant il est plus de minuit, et ordinairement un des deux est toujours couché
à onze heures. Il y a aussi dans leur
loge une vieille cuisinière de la maison;
on cause avec action, et j'entends ces
mots: « Elle est fort mal... la sage-femme
» a secoué la tête... c'est mauvais signe.

» — Qu'est-ce donc qui est très-mal? »
dis-je en prenant mon flambeau.

« Eh! mais... Monsieur, c'est la petite
» Marguerite qui a fait une fausse cou-
» che... — Comment! elle était grosse,
» cette pauvre petite? — Tiens, vous
» n'aviez pas vu cela, Monsieur! grosse
» de quatre mois et demi déjà!... — Est-ce

» que monsieur Ernest n'est pas là ?...
» — Ah ! il est comme un perdu !!... Il
» vient d'aller chez lui... ce n'est qu'à
» deux pas. Il a emmené notre petit ne-
» veu; c'est pour rapporter quelque
» chose, sans doute : car ça manque de
» tout là-haut !... »

En ce moment on frappe fortement à
la porte. On ouvre, et Ernest entre dans
la cour, portant sur la tête un matelas;
le jeune homme n'a pas craint de com-
promettre sa jolie tournure en faisant
un métier de commissionnaire; quand il
s'agit de secourir celle qu'on aime, les
bienséances ne sont plus consultées.
D'ailleurs, à minuit les rues ne sont pas
très-fréquentées.

« Le petit neveu vient derrière, portant
un fauteuil couvert en velours d'U-
trecht; je vois qu'à l'insu de ses parens

le jeune Ernest a dépouillé sa chambre,
pour procurer quelques meubles à sa
petite amie.

« Il est temps que vous reveniez, Mon-
» sieur, » dit la vieille portière avec cet
air alarmant qui augmente l'effet des
mauvaises nouvelles. « Mademoiselle
» Marguerite est très-mal... il y a eu des
» accidens compliqués... Bref, elle perd
» tout son sang, et vous sentez bien que
» cela ne peut pas aller loin comme
» ça!... »

Le jeune homme pousse un cri de
terreur, et, jetant son matelas à terre,
monte l'escalier quatre à quatre sans en
écouter davantage. Je suis resté devant
la loge des portiers, qui sont l'un et
l'autre trop vieux et trop paresseux pour
offrir de monter le matelas; quant au
petit neveu, c'est tout ce qu'il peut faire

que de grimper avec le fauteuil, et la cuisinière n'est là que pour faire des commentaires. Je me suis bientôt décidé : je prends le matalas sur mes épaules et je monte avec cela jusqu'au cinquième.

J'arrive devant la porte de la chambre de la petite Marguerite. Cette porte n'est que poussée, et cependant je n'ose pas entrer... Je sais que cette jeune fille est si pauvre !... et c'est surtout avec les gens peu fortunés que l'on doit user de discrétion. Peut-être elle et son amant trouveront-ils mauvais que je me permette de venir... Cependant, puisqu'elle est si malade...

Pendant que j'hésite et que je reste à la porte avec le matelas sur l'épaule, j'entends une voix aigre qui dit : « Allez » chercher un accoucheur, Monsieur : » moi, je ne réponds plus de rien... Il faut

» un accoucheur... c'est très-urgent... »

Une voix bien faible, que je reconnais pour celle de la jeune fille, dit alors : « Reste, Ernest, ne me quitte pas... j'ai » moins mal quand tu es là... »

J'ai poussé la porte et je jette le matelas dans un coin de la chambre en disant : « Je vais aller chercher un ac- » coucheur... Restez près d'elle puisque » cela lui fait du bien... »

« Oh! oui, oui, allez, me dit Ernest; » oh! que je vous aurai d'obligation!... »

Je n'entends pas le reste; je descends rapidement l'escalier, je manque de renverser le petit neveu du portier qui n'est encore qu'au troisième avec son fauteuil; je crois que le petit drôle s'assied dedans sur chaque palier; enfin je suis dehors. Me voilà dans la rue, courant au hasard, et cherchant si j'apercevrai encore quel-

que boutique ouverte pour m'informer
s'il y a un accoucheur dans les environs.

Où avoir des renseignemens? tout le
monde est couché; je vois bien des tableaux de sage-femmes, mais ce n'est
point une sage-femme qu'il nous faut.
Je me hasarde à frapper au hasard à
plusieurs portes; je carillonne, je fais un
bruit d'enfer. «Qui est là?» me demandent
les portiers, et je m'écrie : « N'y a-t-il
» pas un accoucheur dans la maison? »
On me répond des injures, ou on ne me
répond pas; le monde n'est pas obligeant
quand il a envie de dormir.

Je connais bien deux médecins-accou-
cheurs... mais ils demeurent si loin! La
pauvre enfant aurait le temps de mourir
avant leur arrivée. Que faire?...je ne veux
cependant pas revenir seul...il me prend
l'envie de crier au feu. Ce moyen, que

5*

l'on a employé dans plusieurs pièces de théâtre, peut aussi être bon à la ville; il faut effrayer ses concitoyens pour en obtenir quelque chose; quand tout le monde sera aux fenêtres, je demanderai un accoucheur.

Je vais répandre l'alarme dans le quartier, lorsque deux hommes passent près de moi en parlant avec chaleur... Je reconnais la voix d'Ernest; c'est lui-même; craignant que je ne revinsse pas assez vite, il est descendu sur mes pas; mais au moins il a demandé à la sage-femme l'adresse d'un accoucheur, et il en ramène un. Je cours à lui: il me remercie, quoique je n'aie été bon à rien. Nous revenons en doublant le pas, et nous ne parlons plus: le pauvre Ernest n'a qu'une pensée, c'est de sauver Marguerite. Nous arrivons. Ernest se rend près de sa maîtresse avec l'accoucheur. Je reste sur l'escalier. Je le monte, je le descends avec agitation... Je n'ai dit à Ernest que ces mots : « Si vous avez besoin de quel- » que chose, je serai là. »

Que les momens me semblent longs!.. Ces jeunes amans s'aiment si bien!.. Cette pauvre petite est si gentille... Si elle mourait, quel chagrin! quels re- grets pour son amant!.. Perdre un si long avenir de bonheur... Ah! la mort se trompe quand elle ferme des yeux de seize ans.

Il me semble qu'une heure s'est écou- lée depuis que cet accoucheur est là- haut... Mais j'entends venir... on des- cend... on m'appelle... c'est Ernest,... La joie brille dans ses yeux, et il me crie :

« Mon ami... mon ami, elle est sauvée,..

» il n'y a plus de dangers!... — Ah! que
» vous me faites plaisir!...

Nous nous serrons la main... Il m'a
appelé son ami, et quelques heures au-
paravant nous nous connaissions à peine;
mais il y a des circonstances qui nous
lient plus étroitement que soixante soirées passées ensemble dans le monde.
C'est ce qui vient de nous arriver...

L'accoucheur descend. Ernest court
à lui... Vous partez, Monsieur... il n'y a
» donc plus de danger?.. — Non, non...
» rassurez-vous... Toutes les choses sont
» maintenant à leur place... et telles qu'el-
» les doivent être... je vous réponds d'elles...
» il ne lui faut plus que du repos... Mais
» vous viendrez demain matin, n'est-
» ce pas, Monsieur?.. — Oui, je viendrai
» la voir demain...

L'accoucheur s'éloigne, Ernest le suit

jusqu'à la porte de la rue, en le regardant, en l'écoutant comme un oracle.
Ah! c'est un bel art que celui qui nous
donne le moyen de sauver nos sembla-
bles. Ce n'est plus un homme à nos yeux,
c'est un Dieu, celui qui a conservé l'existence à l'être que nous chérissons.

Je vais rentrer chez moi; mais Ernest
me dit : « Montez donc un moment avec
» moi, cela lui fera plaisir. » Je le suis.

La jeune fille est établie dans son lit, «
qui en effet ne me semble pas devoir «
être bien doux; cependant elle a de plus «
que d'ordinaire le matelas que son amant «
a apporté. La sage-femme est assise dans «
le fauteuil, qui par son élégance jure avec «
le peu de meubles qui garnissent la «
chambre; elle a ses deux pieds sur une «
chaufferette quoiqu'elle soit placée juste «
en face de la cheminée; il est vrai que

le feu est bien modeste. Cette femme n'a
rien en elle qui dénote de la sensibilité;
on voit qu'elle vient faire son état, et
voilà tout; et à sa mine peu aimable, aux
regards qu'elle jette autour d'elle, je
devine que la pauvreté de cette chambre
lui fait craindre de n'être pas bien payée
de ses services : cependant elle a con-
senti à passer la nuit, et le jeune homme
lui en sait beaucoup de gré.

Ernest s'approche bien doucement du
lit; mais la jeune fille lui tend sur-le-
champ la main, en disant : « Oh! je ne
» dors pas... je n'ai pas envie de dormir...
» mais je suis bien à présent... Seulement
» je crains que cela ne te fatigue, de pas-
» ser la nuit... tu relèves aussi de maladie,
» tu n'es pas fort encore... Retourne chez
» toi... Tu sais bien que je ne suis plus en

» danger : l'accoucheur l'a dit... et puis-
» que madame reste...

» — Dame ! oui , je reste, » dit la sage-
femme d'une voix aigre, « quoique ça
» me dérange... mais enfin... Ah ! Dieu ,
» qu'il fait froid dans cette chambre ! le
» vent souffle de partout... Joli feu !..
» deux tisons... Est-ce qu'il n'y a pas
» seulement un soufflet ici ? »

Ernest court chercher un soufflet qu'il
présente à la sage-femme, et revient près
du lit, en disant : « Tu dois bien pen-
» ser, ma chère, que je ne te quitterai
» pas... Mais tiens, voilà M. Blémont, qui
» a eu la complaisance de courir aussi
» pour trouver un médecin, quand il est
» venu il y une heure : nous n'avons pas
» seulement pensé à le remercier...

» — Ah ! c'est vrai , mon ami. Pardon,

» Monsieur, excusez-moi: mais alors
» j'étais si souffrante...

» —Vous ne me devez aucun remercî-
» ment, car ce n'est pas moi qui ai trouvé
» votre docteur... —N'importe, » dit Ernest : « vous nous avez montré un inté-
» rêt... que je n'oublierai jamais...

» — Beau fichu soufflet ! qui n'a pas
» pour deux liards de vent !.. Quand il
» gèle ça doit être gentil ici !.. »

Je me retourne vers cette sage-femme;
je voudrais pouvoir la faire taire : il me
semble que ses réflexions indiscrètes doivent être pénibles pour les deux amans.
Mais je me trompe; ils n'écoutent pas cette
femme. Ernest tient la main de son amie,
celle-ci le regarde tendrement; après
avoir craint une séparation éternelle, il
leur semble qu'ils viennent de se retrouver. Ils sont tout à l'amour. Cependant

Marguerite soupire, et au bout d'un moment, je l'entends dire à demi-voix à Ernest !.. « Quel dommage, mon ami !.. » C'était un garçon !. »

Pauvre petite ! pouvant à peine se faire exister elle-même, elle voudrait un enfant, parce qu'on est toujours fière d'être mère et qu'un enfant est un lien de plus pour s'attacher son amant.

Je vais les quitter, lorsqu'un bruit violent se fait entendre : ce sont des vitres que l'on brise, et cela semble être sur le toit, près de la croisée de la chambre où nous sommes.

La sage-femme pousse un cri de terreur, et vient se mettre derrière-moi, en disant : « Ce sont des voleurs... Avez » vous entendu, messieurs ?... Ils entrent » par une croisée... Il faut réveiller toute » la maison. . »

I.   6

J'avoue que je partage l'idée de la sage-femme, et je vais aller ouvrir la fenêtre pour voir ce que c'est, lorsque Marguerite qui, au lieu d'avoir peur, laisse échapper un léger sourire, me fait signe d'arrêter, et nous dit : « Rassurez-vous... je sais ce que c'est.... Je » suis maintenant habituée à ce bruit-» là.... C'est mon voisin M. Pettermann » qui rentre chez lui...

» Qu'est-ce que c'est donc que M. Pet-» termann et pourquoi fait-il ce vacarme » pour rentrer? » dit la sage-femme.

« — M. Pettermann est tailleur, et tra-» vaille dans sa chambre, mais il se grise » au moins trois fois par semaine; ces » jours-là il perd toujours la clef de sa » chambre; alors il monte sur le plomb » qui donne sur la fenêtre du carré, et, » au risque de se rompre le cou, il va

» jusqu'à sa croisée, donne un coup de
» poing dans un carreau afin de pouvoir
» lever l'espagnolette et rentre chez lui
» par la fenêtre... Demandez à Ernest si
» nous ne l'avons pas déjà entendu plus
» de douze fois en faire autant?»

Je ne puis m'empêcher de rire des
habitudes de M. Pettermann, tandis que
la sage-femme s'écrie: «Oh! l'imbécile...
» il m'a fait une peur... Marcher sur un
» plomb... et quand on est gris!...—S'il
» était de sang-froid, madame, il est
» probable qu'il ne s'y hasarderait pas...
» —Mais quelque jour il se rompra le
» cou, votre voisin!... —C'est ce que je
» lui ai dit souvent... Le lendemain, quand
» il fait mettre son carreau, il jure
» que cela ne lui arrivera plus. La por-
» tière l'a déjà menacé de lui faire don-
» ner congé s'il ne rentre pas par sa

» porte et ne revient pas moins tard. »

Nous entendons en ce moment jurer et tempêter sur le carré. M. Pettermann, rentré chez lui, avait pu ouvrir sa porte qu'il ne fermait qu'au pêne.

« Il veut peut-être de la lumière, » dit Marguerite; « cependant il est bien rare » qu'il me demande quelque chose : mais » il aura vu qu'on n'était pas couché » ici. »

Nous entendons heurter à la porte, et une voix enrouée dire en bégayant : « Ma voisine... est-ce que vous n'êtes » pas coucou... couchée, ma voisine? » Si c'était un effet de vot'. part... de » m'allumer mon petit bout... »

Je suis curieux de voir le voisin Pettermann, et avant qu'Ernest ait eu le temps de quitter la main de sa petite Marguerite, j'ai été ouvrir la porte.

Le tailleur est un homme jeune encore, d'une figure franche et ouverte :
mais l'habitude de se griser a rendu son
nez violet, bourgeonné; sa toilette est
dans un désordre qui accuse aussi son
intempérance.

En me voyant, il ouvre de grands
yeux et s'écrie : « Tiens! prout!... je me
» suis donc trompé... C'est drôle... C'est
» donc pas la porte de la voisine... où
» si c'est qu'elle est déménagée...

» — Non, monsieur, » dit Ernest,
« mais ne criez pas si haut... elle est
» malade... Que désirez-vous?

» — Ah! elle est malade, c'te pauvre
» petite mère!... »

Et M. Pettermann s'avance vers le lit
en disant : « Vous êtes malade, ma pe-
» tite mère!... qu'est-ce que vous avez
» donc?... »

Ernest arrête le tailleur qui empeste le vin; et celui-ci, toujours très-poli, quoique gris, craint d'avoir fait une sottise, et se recule jusqu'au fauteuil dans lequel est assise la sage-femme sur les genoux de laquelle il se laisse aller en disant : « Pardon... c'est juste... ça ne » me regarde pas.... Ah! prout!...

» — Voulez-vous vous relever, ivro- » gne? » crie la sage-femme en repoussant le tailleur par le dos. Celui-ci se retourne en balbutiant :

« Tiens!... j'étais sur du sexe... sans » m'en douter..... Pardon, ma petite » mère!.. C'est sans *ostentation*...je vous » le jure.

— Donnez moi votre chandelle : que » je vous l'allume, » dit Ernest; « car » c'est sans doute cela que vous voulez? » — Oui, mon voisin, si c'était un effet

» de votre part... Je n'ai pas pu battre
» mon briquet... vu que je me suis un
» peut égratigné la main droite en ren-
» trant chez moi. »

Nous remarquons seulement alors que
ce malheureux a la main droite toute
ensanglantée, deux de ses doigts sont
grièvement coupés. La jeune fille montre
à Ernest une armoire dans laquelle sont
des chiffons, avec lesquels il s'empresse
d'entortiller la main du tailleur. Celui-ci
se laisse faire, tout en disant : « Oh!
» mon Dieu!... c'est rien du tout!... prout!
» une misère!... Je ne sais pas comment
» j'ai fait ce soir, mais j'ai cassé deux
» carreaux au lieu d'un... — Mais, M. Pet-
» termann, est-ce que vous ne vous cor-
» rigerez pas de cette habitude de rentrer
» par la fenêtre?... — Comment voulez-
» vous que je fasse?... je perds ma clef...

» Ces clefs ça vous glisse de la poche sans
» qu'on le sente... et puis-je crois qu'au-
» jourd'hui ma poche était trouée....
» Mais je vous jure qu'à présent j'y ferai
» attention... d'autant plus que ça va me
» gêner pour coudre ça...—Tenez! voilà
» votre chandelle. — En vous remer-
» ciant... Bien le bonsoir à la société...
» Meilleure santé, ma voisine... Si quel-
» quefois vous aviez besoin de mes ser-
» vices... appelez-moi... ne vous gênez
» pas...—Merci... merci, M. Pettermann.
» —Non, mais ne vous genez pas... ap-
» pellez-moi... ça me fera plaisir. »

Le tailleur est rentré chez lui. Je
pense que la jeune malade doit avoir
besoin de repos; je lui souhaite aussi le
bonsoir et quitte sa chambre. Cependant
je voudrais dire quelque chose à Ernest;
mais à lui seul. Il me reconduit avec la

lumière. Lorsque nous sommes tous deux devant ma porte, je m'arrête, je le regarde... et je me tais, car je ne sais en vérité comment m'y prendre.

Ernest, qui ne pense pas que j'ai encore quelque chose à lui dire, me souhaite le bousoir et va remonter. Je l'arrête par le bras, il faut que je me décide à parler.

« Monsieur Ernest..... je suis charmé
» d'avoir fait plus ample connaissance
» avec vous... J'espère que notre liaison
» ne se bornera pas là... — Monsieur,
» je vous remercie... C'est aussi mon dé-
» sir... Je vous le répète, je n'oublierai
» pas l'intérêt que vous avez pris au
» chagrin que j'éprouvais cette nuit.....
» Il y a tant de gens dans le monde
» qui auraient ri de ma douleur..... qui
» l'auraient blâmée même. — Cès gens-

» là ne voient jamais dans les liaisons
» d'amour que des occasions de plaisir;
» du moment qu'il s'y mêle de la peine,
» ils pensent qu'il faut les rompre ! —
» Ah! vous avez bien raison... Mais, bon-
» soir, je vais... — Un moment encore...
» Je voulais vous dire..... Excusez-moi
» d'abord : j'espère que ce que je vais
» vous dire ne vous offensera pas... Te-
» nez, entre jeunes gens, on doit parler
» franchement..... Quoique j'aie cinq
» ou six ans de plus que vous, je me
» souviens fort bien qu'étant encore
» chez mes parens à dix-huit ans, j'étais
» quelquefois fort embarrassé pour faire
» un cadeau à ma maîtresse... Écoutez:
» votre jeune amie vient d'éprouver un
» accident qui va vous nécessiter des
» dépenses que vous ne comptiez pas
» devoir être si prochaines... Un jeune

» homme qui vit avec ses parens est
» parfois gêné... Permettez-moi de vous
» offrir ma bourse... Vous me rendrez
» quand vous le pourrez... »

Ernest me serre la main en me répondant : « Je vous remercie de cette offre, M. Blémont : elle ne m'offense pas,
» car je ne pense pas que ce soit un
» crime d'être à court d'argent, et je
» n'affecterai pas ici une aisance qui
» ferait bien mal penser de mon cœur
» quand on a vu la chambre de cette
» pauvre petite. Mes parens sont à leur
» aise, vous le savez; mais ils me traitent
» fort sévèrement, parce que je ne fais
» pas absolument ce qu'ils veulent... Ils
» pensent aussi qu'à mon âge on ne doit
» pas avoir besoin de dépenser de l'ar-
» gent pour une maîtresse. Peut-être
» n'ont-ils pas tort au fond!... Pourtant

» je vous assure que les privations que
» nous éprouvons, Marguerite et moi,
» bien loin de diminuer notre amour,
» ne font que l'augmenter encore. Ne
» doit-on pas s'attacher à quelqu'un en
» raison de tout ce qu'il a souffert pour
» nous?... Marguerite si jeune, si jolie!
» trouverait, si elle le voulait, des amans
» riches, avec lesquels elle aurait toutes
» les douceurs de la vie; elle préfère
» être pauvre avec moi!... Mais nous ne
» sommes nullement à plaindre pour
» cela, car nous nous aimons mieux que
» de l'argent. Au reste, cette gêne ne
» sera que momentanée, je l'espère; j'ai
» deux pièces reçues... Et si elles réus-
» sissent... — Alors vous acceptez mon
» offre? — Non... Oh! je n'emprunte
» jamais d'argent quand je n'ai pas la
» certitude de pouvoir le rendre. C'est

» un principe dont je ne m'écarterai
» point. — Mais puisque vous avez des
» pièces reçues et qu'on va jouer..... —
» Une pièce de théâtre n'est jamais une
» certitude; c'est un coup de dés!..... Je
» vous remercie mille fois. J'ai d'ailleurs
» de quoi faire face aux événemens.....
» Quant à l'avenir... nous espérerons...
» nous ferons d's châteaux en Espagne.
» — Je suis fâché que vous me refusiez.
» — Et moi je suis bien aise que vous
» m'ayez offert : car vous êtes le premier
» de mes amis qui me fassiez une telle
» proposition, et pourtant vous n'êtes
» le mien que depuis quelques heures!...
» — C'est que souvent on passe sa vie
» avec des gens auxquels on donne ce
» nom, mais qui n'en ont pas les senti-
» mens. — Bonsoir, M. Blémont. Si vous
» avez le temps de monter une minute

» demain, cela nous fera plaisir. —
» Oui, j'irai savoir des nouvelles de ma
» voisine; bonsoir. »

Ernest remonte au cinquième, et je
rentre chez moi.

CHAPITRE V.

ENCORE DE L'AMOUR.

J'AI été le lendemain rendre visite à
ma voisine du cinquième, je la trouve
seule avec son amant ; la sage-femme
n'est plus là : c'est Ernest qui s'est établi
garde-malade, autant par nécessité que

par goût; car les deux amans se trouvent plus heureux de n'avoir pas toute la journée un tiers avec eux, et ce qui serait une privation pour d'autres est une satisfaction pour des amoureux.

Ernest est assis près du lit de sa maîtresse; je crains de les gêner; je ne voulais rester qu'un moment, et une heure s'est écoulée depuis que je suis là. Restez donc encore, me disent-ils toutes les fois que je me lève pour partir. D'où vient que le temps passe si vite, que nous nous trouvons si bien ensemble?... C'est que tous trois nous laissons librement paraître nos sentimens, que nous parlons avec franchise de ce qui nous intéresse, que nous épanchons nos cœurs en liberté. Marguerite parle de l'enfant qu'elle espérait, et ses yeux attachés sur ceux d'Ernest semblent lui

dire : « Cela pourra se réparer, n'est-ce
» pas? » Ernest sourit, la console, puis
parle de ses deux pièces reçues... ce sont
ses enfans aussi. Moi, je leur parle spectacle, bals, intrigues amoureuses... Je
leur conte, sans nommer personne, l'a-
venture de Bélan et de son Hélène. Cela
les fait beaucoup rire. Je ne sais si dans
mes récits j'ai parlé avec plus d'intérêt
de mademoiselle Dumeillan; mais quand
je prononce son nom, je remarque que
mademoiselle Marguerite sourit et qu'Ernest en fait autant.

Enfin, Ernest me dit après un de mes
récits : « Mon cher M. Blémont, il me
» semble que vous êtes amoureux?

» — Moi amoureux!... et de qui donc?
» — Parbleu! de la demoiselle blonde
» qui cause si bien, qui touche si agréa-

6*

» blement du piano... qui a un regard si
» doux... — Comment... est-ce que je
» vous ai dit cela? — Non, mais nous
» l'avons deviné à la manière dont vous
» en avez parlé... N'est-ce pas, Margue-
» rite? — Oui, oui, certainement vous
» êtes amoureux de la demoiselle en
» rose. — Ah! je vous jure bien que...—
» Allons, ne jurez pas, monsieur : vous
» mentiriez. — Mademoiselle Eugénie
» est fort jolie, c'est vrai... mais je ne la
» connais pas... — On fait connaissance.
» — Je ne sais pas si ces dames vou-
» draient me recevoir... Ma foi! au fait,
» vous me donnez l'idée d'aller en causer
» avec Giraud... Aujourd'hui il ne sera
» peut-être plus occupé de ses quin-
» quets... Je vais y aller... je n'aurai l'air
» de rien, mais j'amenerai la conversa-
» tion sur ces dames. — C'est ça : allez;

» vous viendrez ensuite nous dire où en
» seront vos affaires. »

J'avoue que le tableau de l'amour si
vrai de ces jeunes amans me fait désirer
de goûter un bonheur semblable. Peut-
être le souvenir de la charmante Eugénie
influe-t-il beaucoup sur mes réflexions.
J'ai vingt-six ans, je suis déjà las d'intrigues galantes... C'est pourtant bien
amusant d'avoir trois ou quatre maîtresses que l'on trompe toutes à la fois;
qui nous font des scènes, nous suivent,
nous menacent, nous guettent, et se
passionnent davantage pour nous, à
chaque infidélité que nous leur faisons.
Et ces pauvres maris que l'on fait... Ah!
c'est aussi fort amusant !... Mais au milieu de tous ces plaisirs, il me semble
que le cœur éprouve parfois un vide...
Ernest et Marguerite ne goûtent-ils pas

un bonheur plus réel que moi... Je ne
sais, mais je voudrais en essayer.

J'ai huit mille francs de rente. Ce n'est
pas une fortune, mais c'est une existence
assurée. D'ailleurs, j'ai fait mon stage,
j'ai été reçu avocat; c'est encore quelque
chose : il est vrai que je n'ai pas plaidé
souvent depuis que j'ai le droit de porter
la robe. Les plaisirs m'ont trop distrait
des affaires; mais si je me mariais, je
serais sage... il le faudrait bien.

Mon père est mort; il était aussi dans
le barreau. Il m'a laissé un nom hono-
rable, que je me flatte de conserver sans
tache : car on peut avoir trois ou quatre
maîtresses à la fois, cela n'attaque nullement l'honneur !... surtout lorsqu'on
n'a à se reprocher ni rapt ni séduction,
et Dieu merci! nous vivons dans un
temps où il est facile de faire l'amour.

sans en venir là... Je sais bien que ce
n'est pas moral de tromper des maris...
Mais l'exemple est si contagieux, et puis
il y a tant de ces messieurs qui délaissent
leur femme... N'est-il pas alors naturel
de consoler ces dames?

Ma mère, qui passe l'été à la campa-
gne, et l'hiver à Paris devant une table
de wisk, serait certainement fort aise
que je fusse marié; elle a mille écus de
rente qui me reviendront un jour : mais
je n'y songe jamais : quand on aime ses
parens, on doit toujours espérer qu'ils ne
mourront point.

Je fais ces réflexions, je ne sais trop
pourquoi. Après tout, je ne songe nullement à me marier, ou du moins à faire un
de ces mariages qui sont prévus, arran-
gés d'avance par des parens ou des amis.
Si je me mariais, il faudrait que je fusse

bien amoureux, il faudrait que j'eusse
la certitude d'être tendrement aimé.

Tout en marchant, et en pensant, je
suis arrivé devant la porte de Giraud.
Monterai-je!.. pourquoi pas?... Je ferai
semblant d'avoir perdu la veille... une
canne... une badine... Je n'en porte jamais... mais cet égal. Il est deux heures;
je pense que Giraud doit être dans son
cabinet; je monte. Je trouve la porte
du carré ouverte. Les trois enfans,
habillés comme des petits voleurs, et
sales comme des chiffonniers, se traînent
dans l'antichambre, en jouant avec le
chien auquel ils ont mis un bonnet de
soie noire de leur père. Je m'aperçois
que les appartemens ne sont pas encore
faits; la bonne balaie le salon. On m'a
dit que Giraud y était. Je pense qu'il est
dans son cabinet; mais la petite fille me

crie que son papa habille sa maman, et je n'ose me permettre d'entrer dans la chambre de madame : on va appeler monsieur; pendant ce temps je reste dans la poussière et poursuivi par le balai.

Enfin Giraud arrive en secouant ses mains, en faisant des grimaces. « Bon- » jour, mon cher Blémont... — Je suis » désolé de vous avoir dérangé... j'étais » monté en passant pour... — Vous ne » me dérangez aucunement; au con- » traire, vous avez mis un terme à mes » souffrances... J'étais en train de faire » mes efforts pour agrafer la robe de » ma femme... Aïe les pouces,.. Dieu! que » ça fait mal!... Je n'en suis pas venu à » bout... elle prétend cependant que sa » robe lui est trop large... je n'en crois » rien. Françoise, allez donc agrafer la

» robe de ma femme. — Mais, Monsieur,
» vous savez bien que madame dit que
» je m'y prends mal, que je ne suis pas
» assez forte... — Allez toujours... vous
» finirez le salon après. »

Je crois que nous allons passer dans
son cabinet et que nous y trouverons
du feu; car il ne fait pas chaud, mais Giraud m'invite à m'asseoir sur le canapé
en me disant :

« Je ne vous conduis pas dans mon
» cabinet, parce qu'il n'est pas encore
» fait... Dieu! que ça fait mal aux pou-
» ces!.. Mais nous causerons aussi bien
» ici... on va allumer le feu quand le sa-
» lon sera fait; est-ce qu'il est tard?... Je
» n'ai pas encore trouvé le moment de
» m'habiller... — Mais il est deux heures
» passées... — Ah! mon Dieu... et j'ai
» trois rendez-vous pour ce matin...

» pour des entrevues de gens qui veu-
» lent se marier... — Je ne veux pas vous
» retenir. — Restez donc... on m'atten-
» dra... C'est qu'en vérité on ne finit
» rien ici... Mon ami, c'est une bien
» jolie chose que le mariage!.. j'espère
» que bientôt vous vous rangerez dans
» la classe respectable des époux... — Oh!
» j'ai le temps. — Vous devez être las de
» la vie de garçon? — Non vraiment!..
» — Est-ce que vous auriez vu à ma
» réunion d'hier quelqu'un qui vous ait
» séduit? Allons! contez-moi cela. —
» Non, oh! ce n'est pas ce motif qui
» m'amène, mais j'ai cru avoir laissé
» chez vous hier... une badine assez
» gentille... — Une badine!... Il faut de-
» mander cela aux enfans; c'est eux qui
» trouvent tout ici. Ils ont de l'es-
» prit comme des démons! Théodore...

» Alexandre... ma fille...—Oh! ne les dé-
» rangez pas... — Si, si; je ne suis pas
» fâché que vous les voyez... ils sont si
» espiègles dans leurs réponses. »

Je n'ose pas dire que j'ai déjà vu les
espiègles. Le papa les appelle encore,
Théodore arrive à quatre pattes, tenant
Alexandre sur son dos; celui-ci tient le
chien dans ses bras. Pour mieux faire la
monture, Théodore s'est mis de grandes
oreilles en papier; la petite fille le fouette
par derrière avec un paquet de plumes.

Je ris de ce tableau, et Giraud le
trouve d'abord très-plaisant. Mais bientôt il reconnaît son bonnet de soie noire
sur la tête du chien, et il ne rit plus.

« Comment, polissons! vous avez pris
» mon bonnet de soie pour mettre à
» Azor!... — Papa, c'était pour en faire
» Croquemitaine... — Je vous ai déjà

» défendu cent fois de toucher à mes
» affaires...Et vous, mademoiselle... avec
» quoi fouettez-vous votre frère?... —
» Papa... c'est avec... — C'est avec un
» paquet de plumes qui était sur mon
» bureau... des plumes fort chères, des
» cochets... que je garde pour écrire
» mes circulaires... Qui vous a permis
» de prendre quelque chose sur mes
» bureaux?... Mais approchez donc un
» peu... M. Théodore... Avec quoi vous
» êtes-vous fait des oreilles d'âne?... —
» Papa... c'est un papier qui traînait...
» — Qui traînait!... Dieu me pardonne !
» c'est la lettre de M. Mermillon dans
» laquelle il me détaille tout ce que sa
» fille aura en dot!... Petit drôle!.. faire
» des oreilles d'âne avec ma correspon-
» dance... Quelque jour il prendra sur
» mon bureau des billets de mille francs

» pour faire des cornets.. Je vais t'ar-
» ranger, moi... »

Giraud veut courir après son fils, je
l'arrête : nous entendons madame crier
d'un voix colère :

« Giraud!.. Giraud!.. Est-ce que vous
» n'allez pas venir achever de m'habil-
» ler ?... Françoise ne sait pas m'agrafer...
» cette fille-là est d'une gaucherie dé-
» testable...

» —Allons! c'est ça, » dit Giraud : « on va
» encore renvoyer celle-là parce qu'elle
» n'agrafe pas la robe assez vite... C'est
» toujours la même chanson!.. Ma foi!
» tant pis, qu'elle s'arrange... Tenez!
» voyez mes pouces; je n'ai plus de
» chair sous les ongles. »

On entr'ouvre la porte de la chambre
à coucher; madame Giraud paraît à
l'entrée, à demi habillée; et derrière elle

arrive la bonne qui vient reprendre son balai en murmurant : « Ah! queu chien » de métier!.. Ah ben! est-ce que je suis » entrée ici pour leur serrer le ventre! »

En me voyant, madame Giraud fait un pas en arrière puis trois en avant, et s'écrie : « Ah! M. Blémont, veuillez » excuser mon désordre... mais M. Gi- » raud est un homme terrible!.. il ne me » finit jamais...Je ne puis cependant pas » rester habillée à moitié... Je vous jure, » Monsieur, que cette robe m'est trop » large... — Ma femme, je te jure, moi, » que j'ai mal aux pouces... — Ah! vous » êtes un douillet... et j'ai trois visites à » faire avant dîner... et vous savez que » nous dînons chez madame Dumeillan, » qui a une loge à la porte Saint-Martin. » — C'est vrai... nous dînons en ville... » Figurez-vous, mon cher Blémont, que

» nous avons des invitations... nous ne
» savons plus auquel entendre. — On
» dîne de bonne heure!.. Mon Dieu, que
» je suis malheureuse! je n'aurai jamais
» le temps. »

Madame Giraud vient d'en dire assez
pour moi. Enchanté de ce que je viens
d'apprendre, je me lève, et vais à elle :
« Si vous vouliez permettre, Madame...
» Peut-être serai-je plus adroit que vo-
» tre bonne. »

Madame Giraud me fait un sourire
très-gracieux et me présente sur-le-champ
son dos, en me disant : « Que vous êtes
» aimable, M. Blémont! Comment, vous
» seriez assez bon?... — Avec grand
» plaisir, Madame. »

Je ne suis pas neuf pour attacher des
robes : je prends la ceinture de chaque
côté, je me fais un peu de mal, mais la

robe est agrafée, et je fais comme si
cela ne m'avait coûté aucun effort.

« Ça y est, » s'écrie madame Giraud
d'un air triomphant. « Ça y est... N'est-
» ce pas, M. Blémont? — Oui, Ma-
» dame..... Oh! ça y est bien!..... — Eh
» bien ! M. Giraud, vous le voyez.....
» Quand on sait s'y prendre... Et Mon-
» sieur n'a pas l'air d'avoir fait aucun
» effort... — Non, Madame, aucun...

» — Ma foi ! mon cher, » dit Giraud, « si
» vous voulez venir ici tous les jours
» quand madame s'habille, vous me
» rendrez un grand service... — Taisez-
» vous, M. Giraud; vous devriez être
» honteux..... Pardon, M. Blémont : je
» vais achever ma toilette... Mille remer-
» cîmens. »

Madame rentre, et Giraud veut me
faire asseoir dans un coin qui est balayé,

mais je prends mon chapeau et lui dis
adieu ; il me reconduit jusque sur le
carré, en me répétant : « Mon ami, ma-
» riez-vous..... Croyez-moi... C'est l'état
» le plus doux... J'ai trois partis superbes
» de disponibles. — C'est bien... nous
» verrons... — Si on trouve votre ba-
» dine, je la serrerai..... — Oh ! je crois
» maintenant que ce n'est pas chez vous
» que je l'ai laissée. Adieu. »

Mademoiselle Eugénie sera ce soir au
théâtre de la Porte Saint-Martin. J'irai
et je la verrai. Les Giraud seront avec
eux ; ce sera une occasion pour aller saluer ces dames. Et cependant... ces Giraud sont si sots, si ridicules avec leur
manie de marier tout le monde... Je suis
fâché de les voir liés avec ces dames. Ce
n'est peut-être qu'une de ces liaisons de

société : on se voit pour passer le temps, mais on ne s'aime point.

J'attends le soir sans trop d'impatience, car je ne suis pas amoureux. Je veux revoir cette demoiselle, parce que je n'ai rien de mieux à faire, et que mes yeux, fatigués de feindre depuis long-temps de l'amour, auraient besoin de se reposer sur d'autres charmes, pour retrouver un peu de ce feu qu'ils ont perdu.

Je vais au spectacle tard, car je désire que l'on soit arrivé. Mes regards parcourent les loges. J'aperçois ces dames dans une première découverte. La maman et madame Giraud sont sur le devant, mademoiselle Eugénie est sur le second banc. Je ne vois pas Giraud ; il aura eu quelque mariage à faire ce soir. Il y a encore une place près de madé-

moiselle Eugénie..... Si j'osais?... Mais la
loge est à eux; je ne puis pas me permettre d'y entrer : il faudrait qu'on m'y
invitât.

Je trouve cette jeune personne encore
plus jolie qu'hier. Cette toilette, cette
coiffure plus simple, lui donnent des
grâces nouvelles. On ne me voit pas, je
puis la regarder tout à mon aise. Il y a
de la place dans une loge auprès de la
leur : si j'y allais... Non; ce serait trop
montrer mon désir de leur parler.

Une pièce se joue. On ne me voit pas...
Je me suis pourtant rapproché... Cette
madame Giraud n'est occupée que de
sa taille... Je suis sûr qu'elle étouffe!.....
Elle n'a pas l'esprit de regarder de mon
côté.

On ouvre la porte de leur loge.....
C'est Giraud sans doute... Non, c'est un

jeune homme... Il salue ces dames, mademoiselle Dumeillan lui sourit ; elle cause, elle rit avec lui !... C'était bien la peine que je vinsse ici pour voir cela... Mon Dieu ! que l'on est bête !... Je suis jaloux... Et pour une personne que je connais à peine, à qui je n'ai pas dit un mot d'amour... Est-ce que cette demoiselle n'est pas libre d'avoir un amoureux..... dix même, si cela lui plaît? Je rougis de ma sottise, et, pour me prouver à moi-même que cette jeune personne m'est fort indifférente, je cours me faire ouvrir la loge qui est près de la sienne : car je ne vois pas pourquoi la présence de ces dames, qui me sont presque étrangères, m'empêcherait d'aller causer avec madame Giraud, que j'ai agrafée ce matin.

J'entre dans la loge. Je ne regarde

pas mademoiselle Eugénie, je feins de
ne point voir ces dames. Mais bientôt
madame Giraud m'appelle.

« Bonsoir, M. Blémont. Ah! que vous
» êtes aimable d'être venu nous voir !...
» Vous vous êtes donc souvenu que j'a-
» vais dit que je viendrais ici ce soir avec
» ces dames?... »

Que le diable emporte madame Giraud avec ses souvenirs! Je réponds
d'un air délibéré : « Non, Madame, je
» ne savais pas..... j'ignorais..... Mais j'ai
» donné rendez-vous ici à quelqu'un ;
» c'est ce qui m'y a fait venir. »

Je salue ensuite froidement madame
Dumeillan et sa fille, puis je me retourne et je regarde dans la salle. Mais
madame Giraud recommence bientôt à
me parler; elle m'accable d'amitiés de-

puis que je suis parvenu à agrafer sa robe.

J'ai l'air d'écouter madame Giraud; je ne sais pas seulement ce qu'elle dit. J'écoute le jeune homme qui cause avec mademoiselle Eugénie. Sa conversation est vague. Il ne lui dit rien de particulier, il ne lui parle que du spectacle..... Je sens ma mauvaise humeur se dissiper un peu. Je me retourne vers ces dames, je prends part à la conversation; mais je n'arrête pas mes regards sur mademoiselle Eugénie. Je serais désolé qu'elle pensât que je suis venu ici pour elle.

Bientôt le jeune homme prend congé de ces dames; il va rejoindre sa société. Il la quitte... il n'est donc pas amoureux d'elle. Je regarde mademoiselle Dumeillan à la dérobée. Après le départ de ce jeune

homme elle est aussi gaie, elle semble
s'amuser autant que lorsqu'il était là. Je
commence à penser que je me suis trompé, et que ce n'était pas un amoureux.

Je me mets alors tout contre la loge de
ces dames, et pendant que l'on joue,
j'échange quelques mots avec mademoiselle Eugénie. Une fois ma main se trouve
tout contre la sienne, qui est appuyée sur
la travée qui nous sépare : c'était le hasard qui les faisait se rencontrer là ; nos
deux mains se sont touchées. Elle retire
vivement la sienne, et j'en fais autant
en balbutiant quelques excuses... Mais
cette main charmante en touchant la
mienne m'a fait éprouver une émotion
délicieuse... Un simple attouchement a
produit cet effet ! Je voudrais bien savoir si mademoiselle Eugénie... mais elle
ne regarde pas de mon côté.

Dans l'entr'acte qui suit, madame Giraud qui causait avec madame Dumeillan, se tourne tout à coup vers moi en
disant : « Tenez, madame ! M. Blémont
» est avocat ; il connaît à fond tout ce
» qui regarde les lois, les droits de cha-
» cun... Mon mari n'est pas très-versé là
» dedans ; il n'est fort que pour les ma-
» riages..... Consultez M. Blémont sur
» votre affaire ; il vous dira si vous avez
» tort ou raison.

    » —Je n'oserais pas importuner mon-
» sieur, répond la maman, ni me per-
» mettre de lui prendre son temps. »

Je m'empresse d'offrir mes services
et de demander ce dont il s'agit ; mais
on ne peut m'expliquer cela au spectacle. Il faut que je prenne connaissance
d'actes, de titres. C'est bien ce que j'es-
pérais. Madame Dumeillan me donne

son adresse, et en me renouvelant ses excuses pour la peine que je prendrai, me remercie d'avance si je veux passer un matin chez elle. On me remercie pour une chose que j'aurais demandée comme une faveur!... Suis-je assez heureux!..... Mais je sais cacher ma joie! Je n'approche plus ma main de celle de mademoiselle Dumeillan. C'est surtout maintenant que je me garderais bien d'avoir l'air amoureux. Un novice se jette à la tête des gens!... mais un homme habile sait ménager ses avantages.

C'est par suite de ce principe qu'en voyant arriver Giraud je salue ces dames et quitte le spectacle. En restant j'aurais eu l'air de guetter l'occasion de les reconduire.

CHAPITRE VI.

JE VAIS DANS LA MAISON.

LE lendemain est arrivé, et je balance pour aller chez ces dames. Ne serait-ce pas montrer trop d'empressement?..... Non, ce ne sera que de la politesse. Puisqu'on veut bien avoir confiance dans

7*

mes lumières, je ne dois pas les faire attendre.

J'attends que deux heures sonnent ; alors je me rends chez madame Dumeillan. Là, ce n'est point comme chez Giraud : la bonne a fini de balayer les appartemens. Celle qui m'ouvre m'introduit dans un salon décoré sans faste, mais avec goût ; il y a bon feu, et j'y trouve la demoiselle de la maison qui étudie son piano.

Mademoiselle Eugénie quitte sa musique pour aller prévenir sa mère de mon arrivée ; je n'ose lui dire que c'est pour elle seule que je viens... Ce serait aller trop vite. Quel dommage de ne pouvoir toujours aller droit à son but !... que de temps on perd !

La maman revient. Après les premiers complimens, elle m'explique son affaire, me communique ses titres. Eugénie

quitte le salon pendant que sa mère me
parle. Elle fait bien, car j'écoutais mal,
et je crois que je répondais de travers.
Maintenant je suis tout à la maman. Il
s'agit d'une petite ferme qui revenait
pour succession à son mari, et dont un
beau-frère du défunt veut lui contester
la possession. Ses droits me semblent
clairs; cependant je ne puis lire sur-le-
champ tous les titres. On trouve fort
juste que je les emporte pour en prendre connaissance chez moi.

Eugénie revient; nous causons de
choses moins sérieuses. La maman est
fort aimable; Eugénie a de l'esprit, des
connaissances, et quoique je ne sois pas
encore tout-à-fait sans cérémonie avec
ces dames, je m'y trouve déjà très-bien.
Après une visite d'une heure je prends
congé. Je n'ai pas besoin de demander

la permission de revenir; j'ai maintenant
pied dans la maison.

Je reste deux jours sans retourner
chez madame Dumeillan. Je suis un drôle
de corps; je veux cacher mes sentimens,
et je serais désolé que mademoiselle Eugénie devinât l'impression que sa vue a
produite sur moi. Enfin je fais ma seconde visite. J'ai pris une exacte connaissance du procès que l'on veut sus-
citer à la veuve. Je suis persuadé qu'elle
a le droit pour elle. Je le lui assure, et
lui offre mes services pour poursuivre
cette cause que je regarde d'avance
comme gagnée. Madame Dumeillan est
enchantée; elle me remercie; elle ac-
cepte mes offres... Décidément je ne suis
plus un étranger; on semble maintenant
me regarder comme un ami.

Ces dames reçoivent souvent du monde;

mais elles ont spécialement un jour dans
la semaine, qui est celui de leur réunion.
Alors on joue, on fait de la musique,
on danse quelquefois. Leur société est
plus choisie que celle qui se rassemble
chez Giraud; c'est un tout autre génre.
Cependant il y a encore des personnes
que je ne voudrais pas y voir. Ce sont
des jeunes gens, fort jolis garçons, qui
sont galans, empressés avec Eugénie.....
Que je suis ridicule !... Je voudrais bien
qu'il vînt chez elle des femmes jeunes ;
mais en fait d'hommes, je ne voudrais
que des têtes à perruques. Ceux - là, je
les trouve extrêmement aimables !

Quant à moi, je crois que je ne le
suis pas souvent. On ne l'est plus dès
qu'on devient véritablement amoureux.
C'est en petit comité que j'aime à voir
ces dames : alors je suis bien plus heu-

reux. Si Eugénie fait de la musique, il
n'y a point un jeune homme penché sur
le piano et prêt à lui tourner les feuilles.
Si je cause avec elle, nous ne sommes
pas interrompus par quelque fashiona-
ble qui vient lui adresser un compliment, et cependant je conçois que l'on
ne peut pas ne recevoir que moi.

Je ne néglige pas la cause que l'on m'a
confiée; il me sera doublement agréable
de la gagner: j'obligerai ces dames, et je
donnerai une opinion favorable de mon
talent. Il ne me faut pas beaucoup d'é-
loquence pour réussir: madame Dumeillan triomphe d'un adversaire qui lui
avait cherché chicane, par manie pour
les procès. Il n'y a que deux mois que
je suis reçu chez ces dames lorsque
j'ai le plaisir de terminer heureusement
cette affaire.

Quoiqu'il ne s'agisse pas d'une propriété importante, madame Dumeillan me remercie avec effusion; les mamans tiennent à l'argent. Eugénie me remercie poliment, mais voilà tout. En général, nous sommes assez froidement ensemble. Pourquoi ne me traite-t-elle pas comme un autre?... A-t-elle remarqué que j'ai de l'humeur lorsqu'on lui fait la cour, que je m'éloigne d'elle lorsque les autres s'en approchent?... Mon caractère lui déplaît-il?... Au fait, elle doit me trouver peu aimable... Je le suis bien moins que tous ceux qui viennent chez sa mère. Jamais je ne lui dis rien de flatteur, jamais je ne me montre empressé ni galant auprès d'elle... Est-ce donc ainsi que je parviendrai à lui plaire?... Oui, je voudrais qu'elle m'aimât comme je suis!... Je voudrais qu'elle me témoignât qu'elle a lu dans mon cœur... et je fais ce que je puis pour lui cacher ce qui s'y passe !... L'amour nous rend bien bizarres.

Quelquefois je me promets de changer de manière d'être avec Eugénie; je tâche de faire comme les jeunes gens qui viennent chez elle; d'être aimable, galant, de rire, de plaisanter lorsque d'autres l'entourent: mais je ne remplis pas bien mon rôle; ma gaîté est forcée; Eugénie semble s'en apercevoir, et cela me rend encore plus gauche.

Les jeunes gens que l'on reçoit chez madame Dumeillan ont tous fort bon ton; leur galanterie près de mademoiselle Eugénie n'a rien qui puisse blesser les plus sévères bienséances. Pourquoi donc m'en formaliserais-je? Parce que je ne sais pas être aimable avec elle, faut-il que les autres ne le soient point?

Je sens que j'ai tort; mais je voudrais
étudier et bien connaître le caractère
d'Eugénie. Je la crois un peu coquette...
A son âge, et si jolie... c'est bien par-
donnable; et d'ailleurs, toutes les femmes
ne le sont-elles pas?... Oui, toutes... un
peu plus, un peu moins; mais c'est un
défaut qui tient à leur nature. Et puis,
est-ce un défaut?... Une coquetterie in-
nocente n'est que le désir de plaire... Ce
désir fait qu'elles apportent plus de soin
dans leur coiffure, dans leur toilette,
dans toute leur personne. Que dirions-
nous d'une femme qui négligerait tout
cela? nous la blâmerions, ou nous pen-
serions qu'elle n'a pas de goût. Pourquoi
donc appeler un défaut ce que l'on fait
pour nous charmer, nous séduire?... Par
leur éducation, par leur situation dans
le monde, les femmes sont éloignées des

I. 8

emplois, qu'elles rempliraient peut-être mieux que nous; des affaires sérieuses, qu'elles débrouilleraient plus vite que beaucoup de diplomates; et des débats politiques, où tant d'hommes ne savent ce qu'ils disent. Nous avons laissé aux femmes les occupations simples et douces de l'intérieur de leur maison; mais ces occupations, si elles suffisent à l'emploi du temps, ne sauraient donner assez de travail à l'esprit, à l'imagination, pour qu'elles ne s'en cherchent pas d'autres. Quelques hommes croient qu'une aiguille, un métier à broder, un piano, doivent suffire pour occuper une femme. Je ne pense pas, comme Caton, que la sagesse et la raison soient imcompatibles avec l'esprit de ces dames: je crois qu'il faut à leur esprit, à leur imagination, d'autres ressources qu'une

aiguille et un piano. Elles ont dû devenir coquettes, parce que le désir de
plaire est un soin qui occupe, qui fait
rêver l'esprit; elles le seraient beaucoup
moins si elles étaient livrées aux mêmes
travaux que nous. Ensuite il y a tant de
nuances dans la coquetterie; celle dont
je viens de parler est toute naturelle,
et bien permise aux femmes. Eugénie
n'en a point d'autre. Elle aime les plaisirs... c'est naturel; cependant jamais elle
ne témoigne de chagrin lorsque sa mère
refuse quelque invitation de bal; elle
doit avoir une âme aimante... Ses yeux
ont quelquefois une expression si tendre...Je l'ai vue répandre des larmes à la
représentation d'une pièce touchante;
mais ce n'est pas encore cela qui prouverait qu'elle saura bien aimer.

Décidément je crois que cette jeune

personne ne me porte aucun intérêt;
elle est avec moi d'une froideur, d'une
réserve... Elle s'aperçoit sans doute que
je la suis des yeux, que je l'observe sans
cesse; je ne vois pas la nécessité d'aller
dans une maison, pour être triste lorsque les autres sont gais, pour se faire
moquer de soi peut-être... Ah! cette idée
me fait rougir de ma faiblesse... L'amour-
propre a tant d'empire sur notre cœur!
Je ne veux plus penser à Eugénie, et,
pour l'oublier plus vite, je vais être
quinze jours sans aller chez sa mère.

Il m'en coûte beaucoup pour tenir cette
résolution, moi qui n'étais jamais plus de
deux jours sans la voir! Huit jours s'écou-
lent cependant, et je me suis tenu pa-
role; le neuvième je songe que madame
Dumeillan, qui me témoigne beaucoup
d'amitié et montre toujours le plus grand

plaisir à me voir, trouvera singulier que je sois si long-temps sans aller chez elle. Après tout, si sa fille me voit avec froideur, ce n'est pas la faute de cette aimable dame, et cela ne doit pas me rendre impoli avec elle. Le dixième jour je me décide, le soir, à y aller faire visite.

Ce n'est point le jour de réunion que j'ai choisi; cependant je trouve quelques vieilles connaissances de madame Dumeillan qui sont venues faire son boston; deux dames et un vieux monsieur jouent avec la maman, et Eugénie est seule, dans un coin du salon, occupée à faire de la tapisserie.

Madame Dumeillan s'informe avec bonté de ma santé; elle craignait que je ne fusse malade, et voulait le lendemain envoyer chez moi. Je la remercie, la rassure, m'excuse sur de grandes occupa-

tions; puis je laisse la maman à son jeu,
et je vais m'asseoir près d'Eugénie.

Elle m'a salué froidement; elle ne lève
plus les yeux, et ne m'adresse que des
phrases indifférentes; elle n'a pas même,
comme sa mère, la politesse de me reprocher d'avoir été long-temps sans venir. Il me semble que cette jeune personne me déplaît autant qu'elle m'avait
charmé; si j'osais, je reprendrais mon
chapeau et je m'en irais sur-le-champ...
mais ce serait malhonnête.

Ah! si nous nous aimions! que de
choses nous pourrions nous dire, en ce
moment où nous sommes comme seuls
dans ce salon, car on ne s'occupe pas
de nous!... et il faut se borner à échanger
quelques phrases insignifiantes!... Quelquefois nous sommes plusieurs minutes

sans nous rien dire... Elle ne levera pas les yeux de dessus son ouvrage... Ah! que j'aurais de plaisir à déchirer cette tapisserie qui semble tant l'occuper!

Une demi-heure s'est écoulée de cette manière. Elle travaille toujours avec la même assiduité; et je suis encore auprès d'elle, parlant peu et soupirant involontairement. Tout à coup la porte du salon s'ouvre; c'est M. Gerval, un des jeunes gens les plus assidus près d'Eugénie, et qui, dans les soirées, fait souvent de la musique avec elle.

Ce Gerval est joli garçon, et il est aimable; aussi c'est un de ceux que je déteste le plus. En le voyant entrer je suis sûr que j'ai changé de couleur; j'ai senti sur-le-champ un poids énorme m'oppresser et se placer sur ma poitrine. Pendant que M. Gerval va saluer madame

Dumeillan, je vais bien vite dans le coin
du salon où j'ai posé mon chapeau : car je
ne veux pas rester une minute de plus ;
je voudrais être à cent lieues ; je suis désolé d'être venu. Déjà je tiens mon chapeau et je vais m'éloigner sans rien dire
à personne... lorsqu'une main saisit la
mienne, la presse doucement et m'arrête ;
au même instant Eugénie... car c'était
elle... me dit, d'un ton qu'elle n'avait jamais eu avec moi : « Pourquoi vous en
» allez vous ?... Etre quinze jours sans
» venir... Et s'en aller ainsi... En vérité,
» je ne vous conçois pas... Que vous a-t-
» on fait ici pour que vous ne veniez
» plus ?... »

Je suis resté immobile. Cette voix si
douce, où règne à la fois un ton de re-
proche et de tendresse, cette main qui
tient encore la mienne et ces yeux qui

me regardent avec une expression charmante... tout cela me bouleverse... mais
me fait éprouver un bonheur jusqu'a-
lors inconnnu pour moi. Il faut avoir
aimé véritablement pour comprendre
tout ce que je ressens alors. Je presse
sa main avec ivresse... et sa main a aussi
serré la mienne; puis elle la retire doucement en me regardant encore. Tout
cela a été l'affaire d'un moment... mais ce
moment a décidé du reste de ma vie. Eugénie m'aime... elle a lu dans mon cœur,
et moi je sens que je ne puis plus vivre
sans elle , qu'Eugénie sera désormais
tout pour moi.

Je ne songe plus à m'éloigner. Eugénie est retournée à sa place : Gerval va
lui parler; mais je ne suis plus jaloux,
Gerval a cessé de me déplaire... il n'a
fallu qu'un instant pour changer la dis-

position de mon esprit. Je me rapproche d'Eugénie. Tout en causant avec Gerval, elle trouve moyen de ne regarder que moi. Le jeune homme lui propose de faire de la musique. Elle me regarde encore, et semble me demander si cela ne me déplaira pas. Je joins mes iustances à celles de Gerval. Elle consent à se mettre au piano; mais en s'y rendant elle passe tout près de moi, et nos deux mains se rencontrent; en chantant avec Gerval un duo où deux amans se parlent d'amour, c'est à moi que ses yeux adressent ce qu'elle chante. Ah! du moment que deux cœurs savent s'entendre, il est mille moyens de se le prouver.

Après ce duo, Gerval lui en propose un autre; elle refuse en prétextant un mal de gorge, et revient s'asseoir à côté de moi. Gerval reste quelque temps; il me semble qu'il est ce soir moins gai, moins sémillant qu'à l'ordinaire. Enfin il prend congé et s'éloigne.

Je me rapproche d'elle. Eugénie tient son ouvrage, mais elle ne travaille plus; nos yeux se rencontrent souvent; nous parlons à demi-voix; j'ai maintenant tant de choses à lui dire, et pourtant nous n'échangeons que quelques mots ; mais nos regards sont plus éloquens que nos discours.

Combien le temps passe vite!.. Je suis si heureux près d'elle. Les joueurs ont fini leur partie. Madame Dumeillan appelle sa fille, pour avoir sa bourse. On va s'en aller. Il faut que j'en fasse autant. « J'espère que vous ne serez pas » si long-temps sans revenir,» me dit avec bonté madame Dumeillan. Et en passant

près de moi, Eugénie me dit tout bas :
« A .demain, n'est-ce pas? »

Mes yeux seuls lui ont répondu, mais
elle a dû les entendre : j'ai vu sur ses
lèvres un tendre sourire. Je m'éloigne,
ivre d'amour, de félicité. Je reviens chez
moi en effleurant à peine la terre... Il
semble que mon bonheur m'enlève et
me transporte déjà au troisième ciel... si
toutefois il y en a un troisième.

En remontant mon escalier, je songe à
mes jeunes amans du cinquième. Je les
ai bien négligés depuis quelque temps!..
Mais j'étais sans cesse triste, jaloux, de
mauvaise humeur, et le tableau de leur
amour n'aurait fait qu'aggraver ma peine... Aujourd'hui je puis aller les voir...
je ne serai pas triste, maussade devant
eux,.. et ils comprendront mon bonheur.

Il n'est que onze heures et quart;

voyons si l'on n'est pas couché là haut.
Je monte, je frappe et je me nomme.

Ernest vient m'ouvrir. « D'où sortez-
» vous donc? » me dit-il en riant; « il y
» a un mois qu'on ne vous a vu.

» Il vient de chez son Eugénie, » dit la
petite Marguerite. « Oh ! comme nous
» avons l'air content !.. il paraît que les
» amours vont bien ? — Oh ! oui, très-
» bien... Ah ! je suis ce soir le plus heu-
» reux des hommes !.. Elle m'aime, j'en
» suis sûr maintenant... c'est moi qu'elle
» préfère à tous ceux qui lui faisaient la
» cour... et pourtant j'étais bien moins
» galant, bien moins aimable que les
» autres... — Qu'est-ce que cela fait? on
» est toujours aimable quand on est
» aimé. »

Je leur conte tout ce qui s'est passé
dans la soirée entre Eugénie et moi.

Ils m'écoutent avec intérêt. Ils me comprennent, eux; car ils s'aiment tendrement. En finissant mon récit, je saute et
je fais des pirouettes dans la chambre :
je ne puis pas tenir en place.

« Prenez donc garde ! » me dit Marguerite; «il va tout casser, tout briser...
» Mais, Monsieur, vous ne voyez donc
» pas comme c'est beau ici, mainte-
» nant »?

Je n'avais pas seulement regardé dans
la chambre. En effet il y a un peu de
changement. Le mauvais lit a fait place
à une petite couchette en bois peint,
mais fort propre. Il y a des rideaux et
une flèche au dessus du lit. Les chaises,
qui étaient presque toutes cassées, ont
été remplacées par six chaises neuves ;
et une commode en noyer a fait place au

petit buffet. Enfin il y a presque un bon feu dans la cheminée.

« Voyez-vous comme c'est gentil ? » me dit Marguerite; « c'est mon Ernest qui
» m'a donné tout cela... Sa pièce a réussi.
» Oh ! elle est bien jolie, sa pièce !...
» Quand on a demandé l'auteur et qu'on
» est venu le nommer, j'étais si contente
» que j'avais envie de crier tout haut :
» C'est mon petit homme qui a fait ça!..
» Oh! il a bien de l'esprit, mon petit
» homme. —Veux-tu te taire, Margue-
» rite ? — Non, Monsieur, je veux par-
» ler... Nous ne sommes plus si pauvres
» à présent... Tenez... venez voir ma
» cheminée... voilà deux tasses et un su-
» crier en porcelaine... Cette boîte-là,
» c'est pour mettre l'argent de la se-
» maine...Quand il y a du *mégo*, je le mets

» dans une tirelire... Ah ! nous sommes
» bien heureux à présent !... »

Pauvre petite !...Qu'il faut peu de chose
pour qu'elle se croie riche !... Tant d'autres trouveraient encore cette chambre
misérable ! Je la félicite, j'admire tout ce
qu'elle me montre. Je fais compliment
à Ernest sur la réussite de sa pièce. Je
partage sincèrement leur bonheur ; cela
me rend plus heureux, de voir qu'ils le
sont aussi. Il y a plus d'une heure que
je suis avec eux. Je leur parle d'Eugénie,
de notre amour. Ils me content leurs
petits projets , leurs plans pour l'avenir,
les désirs qu'ils forment... désirs bien
modestes, et qui prouvent que , tout à
l'amour, ils ne connaissent ni l'ambition
ni la vanité.

Je ne songe pas encore à me retirer, et
je crois que nous passerions la nuit en-

tière à causer ainsi. Mais tout à coup nous entendons un bruit violent sur le toit, et des carreaux brisés tombent sur le plomb et dans la cour. J'éprouve d'abord un saisissement involontaire ; mais cela se passe bien vite, et je me mets à rire en regardant Ernest et Marguerite qui en font autant.

C'était M. Pettermann qui rentrait chez lui.

FIN DU PREMIER VOLUME.

8*

TABLE

DES CHAPITRES CONTENUS DANS CE VOLUME.

———

Chapitre Ier. Un cabinet de lecture. 1

Chapitre II. De ces choses qui arrivent souvent. 35

Chapitre III. La maison Giraud. 53

Chapitre IV. Deux vrais amans. 96

Chapitre V. Encore de l'amour. 135

Chapitre VI. Je vais dans la maison. . . . 161

FIN DE LA TABLE.

www.ingramcontent.com/pod-product-compliance
Lightning Source LLC
Chambersburg PA
CBHW071949110426
42744CB00030B/652